홈, 프라이드 홈

Home, PRIDE HOME

홈, 프라이드 홈

청소년 성소수자 위기지원센터 띵동

초판 1쇄 펴낸 날 2020년 4월 25일

지은이   우승연
감수   청소년 성소수자 위기지원센터 띵동, 김혜선
펴낸이   김삼수
편집   김소라
디자인   이경민, 박재희
삽화   전나환

펴낸곳   아모르문디
등록   제313-2005-00087호
주소   서울시 마포구 성미산로13길 87, 201호
전화   0505-306-3336
팩스   0505-303-3334
이메일   amormundi1@daum.net

ISBN 978-89-92448-93-2 04330
978-89-92448-76-5 (세트)

이 도서의 국립중앙도서관 출판예정도서목록(CIP)은
서지정보유통지원시스템홈페이지(http://seoji.nl.go.kr)와
국가자료공동목록시스템(http://www.nl.go.kr/kolisnet)에서 이용하실 수 있습니다.
(CIP제어번호 : CIP2020001934)

홈, 프라이드 홈
Home, PRIDE HOME

청소년 성소수자 위기지원센터 띵동

우승연 지음

아모르문디

차례

일러두기

—본문에 인터러뱅(?) 표시를 한 용어들은 부록1 '성소수자 관련 용어 설명'에 따로 모아 정리했다.

—이 책에 공개된 사례는 내담자의 동의를 구하고 허락받은 뒤 특정되지 않도록 각색했다.

1 존재의 장소 상상하기

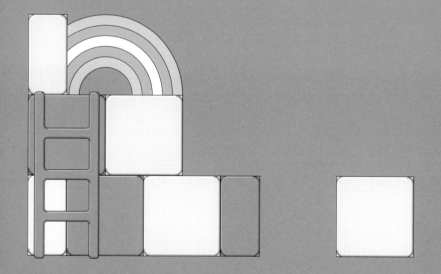

지붕도 없이 법도 없이[1]

2003년 4월의 마지막 금요일, 어디든 봄이었다. 부지깽이마저 싹 틔울 생의 기운이 지천이었다. 동인련(동성애자인권연대, 현 행동하는성소수자인권연대) 사무실 문고리에 목을 매고 육우당(필명)이 죽었다. 갈 곳 없던 그는 자신이 유일하게 선택할 수 있는 공간에서 열아홉 해 짧은 생을 마쳤다.[2]

　육우당은 2002년 12월 31일 송년의 밤에 처음으로 동인련 사무실을 찾아왔다. 곱슬머리에 작은 체구, 유쾌한 분위기를 주도하던 그는 책을 좋아했고 시조의 부흥과 가사문학의 부활을 꿈꿨다. 하지만

---

[1] 아녜스 바르다(Agnès Varda)의 동명 영화 〈Sans toit ni loi〉의 제목을 빌려왔다.

[2] 우울감 등 말하기 어려운 고민이 있거나 주변에 이런 어려움을 겪는 가족·지인이 있을 경우 자살 예방 핫라인 1577-0199, 자살예방센터 1393, 희망의 전화 129, 생명의 전화 1588-9191, 청소년 전화 1388 등에서 24시간 전문가의 상담을 받을 수 있다. 성소수자자살예방프로젝트 마음연결은 48시간 내에 응답하는 온라인상담을 운영하고 있다. 상담게시판 chingusai.net/xe/online, 상담 문의는 오전 10시~오후 7시 02-745-7942에서 가능하다. 청소년 성소수자라면 청소년 성소수자 위기지원센터 띵동을 이용할 수 있다. 상담 문의는 02-924-1227, 010-8844-2119, 카카오톡 '띵동119'에서 가능하다.

그를 둘러싼 환경은 녹록치 않았다. 그의 커밍아웃?으로 성적지향?을 알게 된 동년배의 따돌림, 멸시와 폭언이 그를 학교 밖으로 내몰았고 부모는 그에게 이성애자?의 삶을 강요하며 정신과 치료를 요구했다. 있는 그대로 받아주기는커녕 저들만의 잣대로 멋대로 재단하는 하루하루는 고통이었다. 제도권 안에 머무르려고 애썼으나 다른 길을 찾지 못한 육우당은 졸업을 앞둔 2002년 12월, 고등학교를 그만뒀다. 자기 자신을 보호하려는, 지극히 당연한 결정이었다. 언젠가 돌아보고 아쉬움에 씁쓸해하지 않을까 주위 사람들이 걱정했으나 그는 담담했다. 자퇴 후 서울로 올라온 그의 생활은 곤궁했다. 야간 아르바이트를 하며 끼니를 거를 때도 있었고 동인련 사무실에서 돗자리를 깔고 잠드는 경우도 있었다. 그래도 낯선 동네, 차별의 시선이 없는 서울이 마음에 들었다.

　사실 아쉬울 순간도 씁쓸할 미래도 그의 것이 아니었다. 2000년 8월 정보통신윤리위원회(현 방송통신심의위원회)는 사회통념상 허용되지 않은 성관계를 조장했다는 이유로 게이? 온라인 커뮤니티 엑스존을 청소년 보호법 제10조, 같은 법 시행령 제7조에 따라 청소년유해매체물로 심의·결정했고, 한 달 뒤인 9월에 청소년보호위원회(현 여성가족부)가 이를 엑스존에 고시했다. 이후 몇몇 인터넷 동성애자 카페가 폐쇄 조치되었고 '동성애'를 청소년 유해단어, 동성애 사이트를 유해매체로 지정하려는 움직임이 활발히 일었다. 이에 맞서 2002년부터 행정처분 무효를 촉구하는 소송이 진행되기도 했으나 법원은 마지막 순간까지 성소수자 편에 서지 않았다. '청소년'에 속할 수 없도록 밀어낸 '청소년 성소수자'를 '청소년 보호'라는 명목으로 단속했다. 검열의 시작이었다. 가장 무서운 건 이 명백한 폭력, 혐오의 바람이 눈에 보이지 않는다는 사실이었다. 이러한 흐름은 독실한 가톨릭 신자인 육우당의 입지를 빼앗았다. 떠밀렸거나 비켜섰더니 어느새 벼랑 끝이었다.

"이 사회는 몰지각한 편견으로 수많은 성소수자를 낭떠러지로 내몰고 있다. 내 한 목숨 죽어서 동성애 사이트가 유해매체에서 삭제되고 소돔과 고모라 운운하는 가식적인 기독교인에게 무언가 깨달음을 준다면 그것으로 족하다."

육우당의 유서에 청소년 성소수자에게 가해졌던 지난 몇 년의 '이반검열'이 담겼다. '동성애는 청소년에게 유해하다'는 노골적인 혐오담론이 청소년 성소수자 개개인의 목을 졸랐다. 교묘하게 '색출'된 동성애자에게 가해진 비청소년 주도의 전환치료?, 따돌림을 포함한 다양한 형태의 또래집단 폭력을 방관하거나 동조, 조종하던 사회는 다른 무엇보다 '유해'했다. 위험했다. 어쩔 수 없이 스스로를 검열하고 문을 걸어 잠근 청소년 성소수자, 그들 중에 육우당이 있었다. 그가 바라던 세상은 닫혀 있었다. 숨어들라고 부추기는 세상이 그를 둘러쌌다. 하지만 흔들리지 않았다. 다만 동성애 차별조항을 삭제하기 위해 지칠 때까지 저항할 뿐이었다.

낙인찍힐까 봐 두려워 자신의 성정체성을 부정하거나 눈에 띄지 않으려고 노력하느라 쪼그라든 청소년 성소수자에겐 공간이 필요했다. 위축되고 쇠약해진 몸을 돌보고 스스로를 소외시키느라 가

난해진 마음을 다독일 안전지대. 십대여성이반은 자발적으로 커뮤니티를 만들고 현실 공간인 신촌공원(이하 '신공')³으로 옮겨왔다. 온전한 자신을 표현할 수 있는 장소에서 비로소 사람으로 존재했다. 보이는 걸 못 본 척하지 않아도 되고 들리는 걸 못 들은 척하지 않아도 되며, 하고 싶은 말을 하고 만지고 싶은 걸 만지고 가고 싶은 곳으로 걸어갔다. 눈과 귀와 입과 다리를 온전히 제 뜻대로 사용해도 위험하지 않은 장소가 신공이었다. 안전 때문에 유령처럼 떠돌지 않아도 괜찮은 그곳에 삶이 있었다. 숨 쉬는 것 이상의 무엇이 신공에 존재했다.

　매주 토요일과 일요일, 전국의 십대여성이반이 신공을 찾았다. 여름에는 덥고 겨울에는 추웠다. 비를 피할 지붕이라곤 쾌적할 리 없는 공중화장실뿐이었다. 간혹 노숙인과 부대끼거나 경찰이 순찰을 돌며 눈치를 줬다. '레즈공원'이란 소문에 지나가는 사람들이 흘깃거리기도 했으나 신기하게도 신공에선 움츠리지 않았다. 타자였던 개인이 '성정체성'이라는 연결고리로 서로를 지켜줬다. 위험한 순간 내 곁에 설 신공 친구들. 그들은 이제껏 그토록 바라던 네트워크, 안전한 관계였다. 그래서 겁 없는 십대를 연기하며 세상의 흡뜬 시선을 자근자근 씹어 소화할 때마다 해방감을 느꼈다. 물론 지속가능이라

3　2002년 10월 26일에 방영된 SBS〈그것이 알고 싶다-10대 동성애의 두 얼굴〉이후 '레즈공원'이라는 멸칭으로 불린 신촌공원의 본 지명은 '창천문화공원'이다. 한국성적소수자문화인권센터(KSCRC)는 서울시 늘푸른여성지원센터의 지원을 받아 2008~2011년 신촌공원에서 '십대여성이반을 위한 거리이동상담 퀴어뱅'을 운영했다. 지은이도 2010~2011년 자원활동가로 참여했다. 당시 신촌공원에 대한 구체적인 내용 일부는 활동가 윤영호의 연구 자료를 제공받아 참조했다.

는 분명한 한계가 존재했다. 찰나의 해방감은 주말이 지나면 사라졌으니까. 십대여성이반의 대부분은 온몸을 꼭 죄는 낙인을 뒤집어쓰고 일상으로 돌아가야 했다.

2004년 4월 29일 청소년보호법 시행령상의 청소년 유해매체물 개별 심의기준에서 '동성애'가 삭제되었다. 육우당이 떠난 지 1년 뒤였다. 그럼에도 신공에는 십대여성이반이 모여들었다. 2007년엔 차별금지법 입법안에서 성소수자에 대한 차별금지 항목이 임의로 삭제되었고, 2011년에는 서울시학생인권조례 차별금지사유에 포함돼 있던 성적지향과 성별정체성 항목이 동성애 조장 이유로 삭제 위기에 놓였다. 수면 위로 올라온 동성애 이슈는 때와 장소를 가리지 않고 청소년 성소수자를 공격했다. 옹호와 지지를 담은 뉴스 헤드라인마저 일상에선 뾰족해졌고, 배척의 무기로 이용됐다. 안전하지 않은 곳에서는 존재가 드러나는 것 자체가 괴로웠다. 스스로를 지키기 버거운 십대여성이반은 그래서 신공을 찾았다. 그러나 그마저도 얼마 지나지 않아 불편해졌다. 공공장소의 쾌적함에 잠식당한 신공은 소위 '시민을 위한 모두의 공간'으로 재정비됐다. 다시 밀려났다.

자리가 사라졌다. 그곳에 있던 이들은 갈 곳 없이 망연했다.

성소수자

스스로를 긍정적으로 정체화하는 데 힘을 실어주는 의미에서, 각 정체성을 지칭하는 두문자어 LGBTAIQQ+(레즈비언, 게이, 바이섹슈얼, 트랜스젠더, 에이섹슈얼, 인터섹스, 퀘스처너리 그리고 젠더퀴어 등) 사용을 지향하지만, 띵동의 역사를 왜곡 없이 담아내기 위해 띵동의 언어인 '성소수자'를 사용한다. 이때의 성'소수자'는 "신체적 또는 문화적 특징 때문에 사회의 다른 성원에게 차별을 받으며, 차별받는 집단에 속해 있다는 의식을 가진 사람들"(박경태, 『소수자와 한국사회』, 후마니타스, 2008, 13쪽)을 넘어서서, 자신의 '소수자 자리'를 외부(의 정의)에 따르지 않고 주체적으로 수용하고 자긍심으로 정체화한 개체, 다수로 편입되기보다 소수자'들'과 나란히 서서 '누구도 배제하지 않는 자유'를 지향하는 소수자에 가깝다.

이반검열

2001년 당시 인터넷 이반(동성애자) 동호회의 청소년 운영자 명단을 교육청과 경찰에 넘겨 이반을 색출한다는 괴소문이 청소년 성소수자들 사이에 퍼졌다. 겁에 질린 청소년을 보호하기 위해 몇몇 성소수자 인권단체가 나서서 사건을 추적했고 다행히 사실무근으로 밝혀졌다. 하지만 소문은 쉽게 수그러들지 않았다. 2000년부터 시작된 '동성애'를 청소년 유해단어로, '동성애 사이트'를 유해매체로 지정하는 움직임이 괴소문의 동력이자 불안의 뿌리인 까닭이었다. 이후로도 '청소년보호법'이라는 빈약한 근거와 명분으로 자행된 '이반검열'은 청소년 성소수자의 일상으로 침투했다. 다큐멘터리 〈이반검열〉(2005, 이영 감독)에는 학교 밖에서는 몰랐던, 학교 내 이반검열이 기록돼 있다. 교내에 퍼진 소문을 듣고 부모에게 학생을 아우팅시키는 교사, 그런 자녀를 자퇴시키고 정신병원에 데려가는 부모, 그 상황에서 우울증에 시달리다 극단적인 선택을 한 청소년 성소수자, 교무실 앞에서 다수의 동급생에게 집단구타당했으나 성소수자라는 이유로 홀로 처벌을 받은 청소년 성소수자, 따돌림당하고 반성문 쓰는 청소년 성소수자. '보호'와 '지도'라는 이름으로 차별과 혐오에 노출된 그들의 잘못은 '성소수자' 정체성이었다. "2014년 국가인권위원회 연구용역보고서 「성적지향·성별정체성에 따른 차별 실태조사」에 따르면, 청소년 성소수자 응답자의 19퍼센트는 소속 학교에 동성교제금지 정책이 있다고 보고했고, 응답자 중 4.5퍼센트는 동성애자로 의심되는 학생의 이름을 적어 내게 하는 '이반검열'을 경험한 바 있다고 답했다."(『혐오의 시대에 맞서는 성소수자에 대한 12가지 질문』 한국성소수자연구회(준), 2016, 99쪽) 이반검열은 비단 청소년 성소수자만을 대상으로 하지 않는다. 2017년, 군형법 제92조의 6 추행죄를 내세워 23명이 입건되고, 그중 9명이 재판에 넘겨져 2년이 지난 2019년까지도 5명이 재판을 받고 있는 '육군 성소수자 색출 사건' 역시 명백한 이반검열이다.(2019년 7월 발간된 국제앰네스티 한국지부 보고서 「침묵 속의 복무-한국 군대의 LGBTI」 참조) 놀랍게도 2001년 당시 해프닝이었던 괴소문의 실체이며 불안의 현현(evidence)이기도 하다.

차별금지법

2007년 10월 2일, 법무부는 '차별금지법제정안'을 입법예고했다. 정부는 '모든 인간은 평등하다'라는 기치 아래, 차별금지조항으로 병력, 출신 국가, 출신 민족, 인종, 피부색, 언어, 가족 형태 및 가족상황, 성적지향, 학력 등 총 20개의 차별금지조항을 설정했다. 인권보호를 위해 고용이나 교육, 법과 정책의 대상에서 개인이나 집단에 대한, 법에 정하지 않은 모든 종류의 차별을 금지하는 법률이다. 고용, 재화·용역 등의 공급이나 이용, 교육기관의 교육 및 직업훈련, 법령과 정책의 집행에 있어서 개인이나 집단을 분리·구별·제한·배제하거나 불리하게 대우하는 행위를 차별로 규정하고, 이를 금지하기 위해 필요한 세부사항이 내용으로 구성되었다.

하지만 입법예고안이 발표되자, 한국경영자총협회(경총)를 비롯한 재계와 보수 언론들은 '학력', '병력'에 의한 차별금지 조항이 "자유로운 기업 활동을 막는다"는 이유로 반대 의견을 제시했고, 더불어 일부 보수 기독교 단체들은 차별금지법을 '동성애 허용법안'이라 왜곡하면서 '성적지향'을 삭제할 것을 강력히 요구했다. 그러자 2007년 10월 31일 법무부는 7개의 차별사유, 즉 성적지향, 병력, 가족 형태 및 가족상황, 언어, 출신 국가, 범죄 및 보호처분의 전력을 삭제했다. 당시의 법무부는 양보할 수 없는 인권의 가치를 보수 권력과 타협하면서, 오히려 국가가 나서서 차별가해행위에 대한 법적 근거를 마련했다. 차별을 금지하겠다는 법이 우리 사회 구성원을 '차별을 받아도 되는 사람'과' 차별을 받아서는 안 되는 사람'으로 나누게 된 것이다. 그렇게 누더기가 된 차별금지법은 많은 운동단체 및 개인들의 강력한 비판과 저지 속에서 17대 국회의 회기만료로 제정되지 못했다.

2010년 4월 9일 정부에서 다시 차별금지법 특별분과위원회를 운영하였으나 2007년과 다르지 않은 상황에서 추진이 중단되었다. 이후 2011년, 2012년, 2013년 매해 야당 국회의원이 '차별금지법안'을 발의했으나 매번 국회 임기 만료로 폐기되었다. 2017년에는 유엔이 2009년에 이어 대한민국 정부에 성별·연령·인종·장애·종교·성적지향·학력 등이 포함된 포괄적 차별금지법 제정을 권고했다. 같은 해 유엔 국가별 인권상황정기검토(UPR) 제3차 심의에서는 구체적으로 포괄적 차별금지법에 인종, 성별, 성적지향, 성별정체성, HIV 감염 등의 차별금지 사유의 항목이 들어가야 함을 적시했다. 그러나 2019년에도 차별금지법 제정은 소원한 과제이다.(차별금지법제정연대 https://equalityact.kr/ 참조)

벼랑에서 만난 파수꾼들—정민석, 임보라

정민석 띵동의 처음을 얘기하려니 다시 2003년으로 돌아가네요. 삶을 흔들어놓을 정도로 묵직하고 어려운 경험이었고 여전히 생생해서…. 늘 생각해요, 육우당이 모임에서 바랐던 게 무엇이었나. 15년이 흘렀어도 정답이랄 게 없네요. 그 답을 찾는 과정 모두, 실천하는 매 순간에 집중하죠. 사실 육우당의 장례식을 치른 후 본격적으로 행동해야겠다는 결심이 서기까지 시간이 꽤 걸렸어요. 대외적으로 청소년 성소수자 인권을 위해 고군분투했지만 정작 동인련에선 위축됐죠. 모두에게 어마어마한 사건이었고 휘청거리던 마음을 다잡는 데만 몇 년이 흘렀던 거예요. 회피하거나 포기했던 건 아니에요. 쉬지 않고 청소년 성소수자가 언제라도 마음 기댈 수 있는 고향 같은 공간을 고민했어요. 청소년 성소수자가 배척이나 소외를 느끼지 않고 존중받는 그들만의 공간이 필요하다는 사실은 변함없었죠.

그래서 "동인련을 후원해달라"는 유지를 지켜 1년에 한 번 후원해주신 육우당 어머님의 후원금을 바탕으로 청소년 활동을 시작했어요. 마침 어떤 프로그램에 참여한 고등학교 3학년의 이야기를 듣고 마음 한편에 밀어뒀던 것을 정말 해야겠다고 결심했어요. 어떤 '거리'가 있을까, 그걸 찾아나가는 과정부터 함께 해볼 수 있지 않을까, 하며 나선 게 2007년입니다. 십대 청소년과 함께 동인련 청소년 프로그램을 개발하고 청소년 모임을 만들었습니다. 한 달에 한 번 토요일마다 '무지개학교 놀토반'을 열어 떡볶이와 간식을 나눠 먹으며 프로그램을 진행했고 그걸 바탕으로 청소년 모임을 꾸렸어요. 시간이 지날수록 더 많은 친구들이 방문하

정민석

2015년부터 청소년 성소수자 위기지원센터 띵동 대표를 맡고 있으며, 인권재단 사람 사무처장으로도 일하고 있다. 터를 닦는 일을 좋아한다. 일을 벌이기 위해 주로 밑천을 구하는 일을 하고 있다. 하고 싶은 일이 있으면 직접 돈을 모으기도 하고, 공익재단들의 공모사업을 기웃거리기도 한다. 인권운동을 하며 사람이 많은 곳보다 사람이 없는 곳에서 자신이 할 수 있는 일을 찾으려 한다. 2000년대 중반부터 청소년 성소수자를 만나기 시작했고, 지금은 가정으로부터 배제된 청소년 성소수자를 위해 대안적인 쉼터, 삶터, 자립터를 만들고자 애쓰는 중이다.

고 참여했어요. 청소년 성소수자의 욕구가 생각보다 크다는 걸 새삼 확인했죠. 저의 상상을 한참 웃도는 그들의 욕구에 놀랐어요. 그때 초콜릿도 만들어 팔고 비밀일기라는 책을 만드는가 하면 세미나도 진행했습니다. 정말 이것저것 다양한 프로그램으로 미처 보지 못한 세계와 만났어요. 2010년부터 저는 자연스럽게 빠지고 청소년이 주체가 돼 꾸리는 방식으로 운영했어요. 모든 게 좋을 순 없듯 그즈음부터 몇몇 장벽에 부딪히고 문제가 두드러졌어요. 어디든 갈등이 발생하고 그걸 어떻게 풀어나가느냐가 관건인데 쉽지 않았어요. 한 단체의 작은 모임, 게다가 청소년이라는 지위를 가진 이들이 그들이 속해 있는 단체와 다른 목소리를 낸다는 게 문제의 중심이었어요. 청소년 프로그램에서 발견되는 욕구가 조직에 녹아들지 못해서 갈등과 고민이 생겼던 거죠. '청소년' 혹은 '작은 모임 프로그램'이란 틀을 넘어선 조직 차원의 활동이었으면 좋았을 텐데 그러기엔 청소년 모임도 동인련도 용기가 더 필요했던 거예요.

비단 조직, 단체, 모임 차원의 문제가 아니라 활동가 개인으로서 한계를 느끼던 시점이기도 했어요. 초창기엔 학교나 가정에서 어려움을 겪은 청소년이 탈가정을 하면 활동가나 그 지인이 잠을 재워주거나 밥을 줬어요. 법제도가 어떤지 모르니까 데리고 있어도 되는지 안 되는지 모르겠고, 일단 보호하다가 청소년의 양육자랑 통화하면 나아질 거라는 마음이었던 거죠. 한데 이게 얼마나 불안한 일이에요. 청소년 성소수자의 불안을 감소시키는 게 아니라 그 불안을 둘이 껴안은 꼴이잖아요. 그래서 꿈꿨던 것 같아요. 청소년이 기준이고 청소년의 욕구로부터 출발한 어떤 장소를요. 그냥 우리에게 작은 방이라도 있으면 좋겠다, 당시에는 그런 게 꿈이었죠. 거리상담을 시도하고 청소년기관과 관계를 형성해서 차근차근 만들어가던 시점과도 맞닿아 있어요. 마침 온라인 청소년 카페들도 활성화되던 시기라 저마다의 욕구가 서로를 알아본 거죠. 신기하게도 그때 임보라 목사님이 어떤 제안을 하신 거예요.

임보라   민석 님 얘기 들으며 참 신기하다, 전혀 다른 공간에서 어떻게 이렇게 비슷한 누군가를 응시했을까, 생각해요. 시대적 요구, 구조가 이끈 필연적 지점이겠지만 제겐 청소년 성소수자의 염원을 담은 목소리가 닿았구나 싶고.

제겐 청소년이 가까운 존재였어요. 대학 때부터 줄곧 교회 청소년부 교사를 맡았으니까요. 올림픽이 있던 1988년 올림픽공원이 생기면서 각국의 특별상설 공간들이 생겼는데, 거기에 독일 청소년들이 모이는 '쿤스트(Kunst)'라는 센터가 있었거든요. 자유로이 놀고 프로그램도 진행하는 청소년들의 공간이죠. 우리나라엔 그런 개념이 아예 없었으니 인상 깊었어요. 청소년에게 교회가 그런 곳이면 좋겠다는 생각에 이후부턴 만날 뭐 먹으러 가고 1박 2일 MT 가자고 애들 끌고 다니고 그랬어요. 한참을 청소년들과 어우러져 지냈죠. 학교에서 소위 '문제'가 많았던 청소년들, 주로 사회가 규정한 틀에서 비껴난, 교회에서도 별로 안 좋아하는 청소년이었는데 제겐 별다르지 않은 존재였어요. 아니, 어쩜 더 사랑스러운 존재였는지도 모르겠네요.

임보라

2013년부터 한국기독교장로회 소속 섬돌향린교회에서 담임목회를 하고 있다. 정의와 평화를 일구는 작은 신앙공동체를 지향하는 섬돌향린교회는 한국 사회에서 손에 꼽을 정도로 적은 무지개교회 중 하나이다. 섬돌향린교회는 띵동을 꿈꾸는 출발점에서부터 함께해왔다. 섬돌을 놓아가는 여러 해 동안 이래저래 숱한 공격을 받아서인지, 하늘의 뜻을 알 수 있는 혹은 알 법한 지천명을 맞이해선지, 4냥 1댕과 함께 작은 텃밭을 일구며 흙 내음 속에서 그 뜻을 찾아가기 위해 애쓰며 살고 있다. 언젠가는 소박한 밥상을 마주하고 보다 더 깊은 삶의 나눔을 이어가는 자리를 지어가며 살고 싶다는 꿈을 갖고 있다. 현재 한국기독교교회협의회(NCCK) 정의평화위원회 위원이며, 한국기독교장로회 전국여교역자회 성평등위원회 부위원장, 청소년 성소수자 위기지원센터 띵동의 운영위원을 맡고 있으며, 종교계의 온갖 차별과 혐오에 굴하지 않고 무지개 세상을 열어가는 모임인 무지개 예수와도 함께하고 있다.

그러다 2008년 2월 한국에서 한국·일본·재일 조선 여성 신학자 심포지엄에 옵서버로 참여했는데 일본 측 신학자들의 요구로 한 꼭지 들어간 '퀴어?' 청소년 얘기에 충격을 받았어요. 한 활동가가 '신촌공원'을 언급하며 십대여성이반(청소년 레즈비언?)을 포함한 퀴어 얘기를 하는데 정말 놀랐죠. 청소년을 안다고 자부했는데 오만이라는 걸 자각하고 당시 제가 소속돼 있던 향린교회 여성인권 소모임 구성원들과 우리가 만나보면 어떠냐고 의견을 나눴어요. 어쩌면 우리가 지원할 일이 있을 수 있으니까요. 한데 십대여성이반 청소년이 만든 그 공간에 불쑥 들어갈 순 없어서 늘푸른여성지원센터의 지원을 받아 신공에서 거리이동상담을 진행하던 '한국성적소수자문화인권센터'에 연락했죠. 누구나 드나들 수 있는 벽도 문도 없는 환히 트인 공원, 그래서 자유롭지만 한편으로 따가운 시선에 그대로 노출될 수밖에 없는 이중적인 신공은 필요에 의해 그들 스스로 만든 장소였다고 들었어요. 언제든 십대여성이반을 만날 수 있는 곳이라는 소문이 퍼지고 지역에서도 십대여성이반들이 올라오면서 게토(ghetto)가 형성됐다더라고요. 당시 한국성적소수자문화인권센터는 청소년들이 춤이라도 연습할 공간이 있으면 좋겠다고 했어요. 그래서 보증금을 내고 일정 기간 빌릴 수 있는 장소를 회원 중 한 분이 제공해서 그런 공간을 만들었죠. 뭔가 다른 지원을 하고 싶어서 방법을 알아봤지만 쉽지 않았

어요. 청소년 관련 법적 문제는 굉장히 까다롭고 복잡해서
선뜻 나서기 어려웠고, 할 수 있는 건 여성인권 소모임 내
여유 있는 회원이 도움이 필요한 청소년의 자립을 조금 돕
는 정도랄까요.

2010년쯤 '차별 없는 세상을 위한 기독인 연대'의 십대 회
원들을 만나면서 청소년 성소수자에 대한 생각이 많았어요.
무작정 제 사무실로 와선 아무것도 안 하고 그냥 죽치고 있
는 친구들을 보며 고민은 더 깊어졌죠. 민석 님과 비슷한 상
황이었던 듯해요. 누구를 만나서 뭘 의논해야 하는지도 모
른 채 시간이 흘렀죠. 그러다 샘(Sam)[4]을 만난 거예요. 미국
내 한인 커뮤니티의 보수적인 분위기가 싫어서 한글도 안
배웠다는 그가 한국은 더 엄청나구나, 무엇을 해야 하지 고
민하다 연락하셨던 거죠. 처음부터 청소년 관련 기관을 세
울 생각을 하진 않으셨어요. 자신이 마주한 한국 상황을 해
외에 알리겠다는 막연한 의지가 있으셨죠. 때마침 민석 님
이 명동 향린교회 1층에서 토요일마다 청소년 프로그램을
진행하던 게 생각났고 바로 연락했어요. 2012년에서 2013년
으로 넘어가는 겨울이었어요.

---

4 독립연구자이며 창업가인 사만다 주(Samantha Joo) 박사는 '퀴어 코리아 얼라이언스(QKA,
Queer Korea Alliance)'와 'Platform4Women' 재단의 설립자이다. 사만다는 한국계 미국인
레즈비언이며, 과거 서울 소재 대학에서 4년간 교수로 재직할 때는 해고의 위험으로 커밍아웃을
할 수 없었다.

누구도 가보지 않은 길, 무지개쉼터

첫 운을 떼고 4개월이 지나서 섬돌향린교회 임보라 목사의 주선으로 해외 펀딩 프로젝트를 제안한 샘과 동성애자인권연대의 정민석, 이경이 만났다. 막연한 꿈을 구체적으로 상상하고 현실로 불러오는 밑작업을 위해서였다. 당연하게도 네 사람 모두의 관심사는 청소년 성소수자였고 누구랄 것 없이 저마다의 이야기를 풀어냈다. 환경에 민감한 '청소년'에 비가시적인 '성소수자'가 중첩되고 교차돼 스스로를 지키기 어려운 상황에 놓이기까지를 깊이 들여다봤다. 먼지처럼 침투하는 일상의 차별과 혐오, 그 숨 막히는 환경에서 살아남기 위해 탈가정[5]과 탈학교[6]를 고민하는 청소년 성소수자에 집중했다. 논의 끝에 네 사람이 손에 쥔 대안은 '쉼터'. 청소년 성소수자라면 누구라도

---

5 일탈 혹은 비행 등 부정적 의미가 짙은 '가출'이 아닌 '탈가정'이란 단어를 선택한 이유는, 청소년이 집을 나오게 되는 상황에 집중하기 때문이다. 청소년 당사자의 빈약한 자원, 그럼에도 불구하고 문제를 능동적으로 해결하고자, 또는 불가피한 생존수단으로서 '가정'을 '탈(脫)'할 수밖에 없는 청소년의 경험을 왜곡 없이 담아내기 위해서다.

6 탈가정과 비슷한 맥락으로 '자퇴'가 아닌 '탈학교'라는 단어를 사용한다.

쉴 수 있는 환대의 장소였다. 돌아보면 모두 오랫동안 간절히 바랐던 공간이었다.

　그러나 갈 길이 멀었다. 쉼터를 경험한 청소년과 몇 차례 모임을 가지고 해외 펀딩 프로젝트를 구상하며 생각보다 큰일이라는 걸 절감했다. 누구도 가지 않은 길, 미지의 시간을 열어젖혀야 하는 부담이 상당했다. 가정과 학교에서 벗어날 수밖에 없는 청소년 성소수자가 자신을 담지 못하는 쉼터를 차악으로 선택하는 과정을 마주한 뒤라 출구 찾기가 급선무였다. 최악보다 나은, 그나마 덜 나쁜 곳을 찾아 하룻밤이라도 쉬어 가려는 청소년 성소수자를 떠올리면 마음이 급해졌다. 네 사람 외에도 함께 논의할 사람을 찾는 일이 시급했다. 어떤 그룹의 누구와 함께하느냐에 따라 물길이 달라질 터였다. 더불어 길을 잃지 않기 위한 하나의 등불, 비전이 필요했다. 그렇게 청소년 성소수자에게 안전한 공간을 상상하며 첫발을 뗐다.

　2013년 5월, '무지개쉼터' 프로젝트 기획서 초안을 완료하고 같은 해 7월에 첫 회의를 가졌다. 이 자리에 동성애자인권연대, 섬돌향린교회, ODMCC(열린문메트로폴리탄공동체교회, Open Doors Metropolitan Community Church), 차별 없는 세상을 위한 기독교 연대가 모였다. 어떻게 무엇을 준비할지 논의하는 과정에서 가장 초점을 둔 건 '책임'이었다. 그것은 청소년 성소수자를 도우려는 개인과 단체에게 모금을 제안하는 데 필요한 투명한 기부금 관리와 보고 체계에 기반을 둔 신뢰를 포함하는 개념이었다. 참여단체의 범위와 역할을 꼼꼼히 확인하며 어떤 과정으로 협의하고 어떻게 협력을 이끌어낼지도 의논했다.

회의를 관통하는 핵심은 '누구든 함께' 할 수 있되, '무엇을 위해 이 모금을 진행하는가'를 매 순간 기억하며 움직이는 것이었다. 참여하는 개인이나 단체가 막다른 길에 다다랐을 때 휘청거리지 않겠다는 의지의 표현이었다. 회의 참여단체는 '청소년 성소수자에게 안전한 공간'이라는 곧은 줄기를 중심에 두고 저마다 구체적 행동을 계획했다. 그 맥락에서 해외와 국내 모금의 상당 부분을 차지할 교회 공동체는 스스로가 많이 드러나지 않기를 바랐다. 퀴어 혐오를 대표하는 종교 영역이 모금 주체로 등장하는 순간 '누구나 쉽게 접근할 수 있는 장소'라는 바람이 바래버릴까 봐 조심스러워서였다.

이러저러한 의견을 취합하고 각 참여단체의 결의를 지지하는 사이 첫 회의가 마무리되었다. 긴 항해에서 길을 잃지 않기 위한 부표가 설정되고 모금 계획이 세워졌다. 목표 모금액은 무지개쉼터 3년 운영에 필요한 1억 원이었다. 얼핏 길이 보이는 것도 같았다. 본격적인 모금이 시작되는 10월까지 브로슈어, 모금 블로그와 웹사이트, 후원 영상을 제작하고 모금위원회를 구성하려면 시간이 빠듯했다.

두 번째 회의부터 쉼터의 형태를 고민했다. 청소년 성소수자를 촘촘하고 곰곰이 사유할 시점이었다. 법적 보호 영역에서 탈주한 이들을 법으로 보호할 수 있는지, 그럴 수 있다면 어디부터 어디까지인지, 합법이라는 장벽 때문에 만나기 어려운 대상은 없는지를 살폈다. 누구를 어떻게 만날 것인가라는 문제에 다시 봉착한 셈이었다. 이쯤되니 한국 땅 어디에도 없는 장소를 만드는 일임이 피부에 와닿았다. 최초라는 게 영 반갑지만은 않았다. 모델링할 단체가 없다는 건 자유로운 만큼 불안했다. 여기부터 저기까지 깃발을 꽂고 마음껏 설계할 수 있다지만, 실은 아무도 가지 않은 곳을 맨몸으로 밀어 길을 만드는 일이었다. 어설프게 놓이거나 잘못 자리한 디딤돌이 될까 봐 두드리고 또 두드리는 조심스러운 진행이 일상이 되었다. 하나부터 열까지, 거대 담론은 물론 사소한 규칙까지 속속들이 살펴야 했다. 자료조사와 토론, 스터디는 기본이고 레퍼런스가 될 만한 것이라면 발품 팔아 구석구석 뒤져야 가능한 프로젝트였다. 처음엔 공간을 비롯한 물적 자원의 부족이 문제라고 생각했는데 복병은 법이었다.

　　해외와 국내 청소년 쉼터 운영 사례를 통해 비인가 쉼터 운영이 가능한지 생각해보기도 하고, 공익 변호사에게 쉼터 운영의 법적 문제를 자문하기도 했다. 동시에 쉼터 입소 경험이 있거나 쉼터 준비에 관심 있는 청소년 성소수자들의 욕구가 어디로 흐르는지, 그 욕구를 무지개쉼터에서 어떻게 녹일 수 있을지를 의논했다. 규정하기 어려운 성소수자 혐오와 폭력의 경험을 고려할 때, 반드시 가족 동의가 필요한 청소년 쉼터의 입소 조건은 독소조항이나 다름없었다. 탈주의 계기인 폭력, 그 주체인 양육자의 허락을 받아야 '합법적인 입소'가 되는 상황은 난제 중의 난제였다. 정부 위탁으로 운영되는 쉼터일 경우 사회복지 시스템에 개인정보가 집적되는 것도 수용하기 어려운 요소였다. 그래서 친족 성폭력과 탈성매매 등의 이유로 가족 동의 없이 쉼터 입소가 가능한 청소년기관을 방문했다. 대상은 다르지만 교차하는 지점에서 공유하고 공감하며 정보를 넘어선 지혜를 얻기 위해서였다. 탈가정 청소년 성소수자에 대한 정부와 민간 차원의 어떤 자료도 없는 상황에서 정부의 추상적인 단서조항을 창의적으로 해석하려는 노력이었다.

회의를 거듭하며 이태원, 종로 낙원동, 신촌공원 등을 거점으로 이동상담을 시작하고, 24시간에서 1개월 미만인 일시 쉼터를 운영하려면 무엇이 필요한지, 동시에 1개월에서 3개월까지 머무를 수 있는 단기 쉼터로의 전환 준비가 가능할지 의견을 나눴다. 성별이분법으로 구별한 공간, 가정과 사회로 복귀하는 게 기본 방향인 기존의 쉼터와 다른, 자긍심을 회복하고 갈등 요인을 파악하며 해소하는 방향까지 아우를 장소를 바랐다. 그 과정에서 이상과 다른 현실을 하나씩 확인하며, 단기는 물론이고 일시 쉼터조차 운영하기 어렵다는 결론에 다다랐다. 드나들기 성가신 문턱쯤으로 여긴 청소년보호법과 정부 지침은 부족한 돈보다 더 견고한 벽이었다. 넘어서려면 단계를 밟아야 했다. 운영비를 포함한 물적 토대와 인력이 구성될 때까지 견뎌야 했다. 간절히 바라는 모두의 쉼터를 세우려면 시간이 필요했다.

기본 얼개는 최소 2인 이상의 인력으로 2014년 3월까지 거점이동상담을 진행해 탈가정 청소년과 만나는 것부터 시작했다. 1년 후인 2015년에는 일시 쉼터 공간을 마련하고 2017년엔 단기 쉼터의 역할을 수행할 수 있는 무지개쉼터를 만드는 것이 첫 구상이었다. 더 구체적으로는 현 단계인 준비 단계를 포함한 6단계 목표 퍼즐이 맞춰졌다. 동인련 사무실을 함께 사용하며 주 1회 거리이동상담을 진행하는 1단계, 위기 청소년 성소수자 핫라인을 구축하고 상담과 교육이 가능한 사무 공간을 마련하는 2단계, 일시 보호 공간을 구축하는 3단계, 3개월 미만 24시간 운영 쉼터로 전환하는 4단계, 일시 보호 시 자립과 독립을 준비할 수 있는 공간을 창출하는 5단계가 무지개쉼터의 설계도였다. 모금 또한 세분화해서 거리상담 모금, 공간 마련 모금, 쉼터 안정화기금 마련, 24시간 쉼터 운영기금 마련으로 나눴고 이를 온라인 플랫폼 기반 모금, 직접 모금 등의 대중 모금과 벼룩시장, 후원 주점, 기념품 판매를 통한 이벤트 모금으로 나눴다. 10월에는 해외 모금을 위해 크라우드 펀딩으로 운영되는 글로벌기빙 (Globalgiving.org)에 단체를 등록했고, 세계교회협의회(WCC) 제10차 총회를 맞아 해외·한국 성소수자 그리스도인 만남에 초점을 맞춘 홍보 계획도 세웠다. 3개월 동안 여섯 번의 회의를 끝으로 치열한 논의를 마쳤다. 드디어 손에 쥔 무지개쉼터의 설계도, 5단계 기획서가 반짝였다.

2013년 12월 13일 저녁, 일곱 번째 회의가 진행됐다. 그사이 '무지개쉼터'였던 프로젝트 명칭은 '무지개청소년세이프스페이스'로 바뀌었다. 최종 기획이 담긴 영문과 한글 버전 브로슈어는 WCC에서 배포되었다. 쉼터 계획 발표와 함께였다. 2만 8천 달러를 목표로 글로벌기빙 홈페이지를 통한 해외 모금이 시작됐고 임시로 열어뒀던 홈페이지도 리뉴얼했다. 본격적인 국내 대중 모금에 앞서 몇몇 언론 매체와 만나 청소년 성소수자 쉼터의 필요성을 역설했다. 2014년 1월에 개최될 무지개청소년세이프스페이스 설명회로 포문을 열고 퀴어문화축제 특별모금 이벤트, 작은 음악회 자선공연, 작은 인문학 강의, 소소한 바자회, 후원의 밤도 펼칠 예정이었다. 할 수 있는 모든 것을 잔뜩 부려놓고 끌어모을 수 있는 최대한을 거머쥐고 싶었다. 욕망 때문은 아니었다. 욕심은 더더욱 아니었다. 프로젝트를 이끄는 모두가 바라는 건 그저 하나였다. 교묘한 규범으로부터 탈주한 청소년 성소수자에게 찰나일지라도 안전지대를 제공하는 것. 미래에는 철거할, 그러나 현재에는 절실한 비계로 존재하려는 바람이 전부였다.

우정과 연대의 무지개세이프스페이스

성별을 구별하는 쉼터 원칙, 그것을 강화하는 규칙과 성적지향을 억압하는 종교성 짙은 공간, 사적 정보가 축적되는 시스템은 청소년 성소수자가 두려워하는 현실의 재현이자 탈주를 부추기는 본질이었다. 암묵적 금기인 줄 알았던 차별과 혐오의 근거가 설립 조건으로 등장하는 어처구니없는 상황을 2013년 내내 확인하며, 과연 청소년 성소수자와 쉼터의 양립이 가능할지 고민하던 무지개청소년세이프스페이스 프로젝트팀에게 남은 건 잃을 것 없는 현실이었다. 과정의 실패마저도 길이 되리라는 낙관만이 뒷심이었다. 제로에서 시작된 한 발짝은 그로서 모험이자 도전이고 투쟁이었다. 2014년 9월까지 1단계 거리상담 모금액 3천만 원을 완료하겠다는 의지를 양손에 움켜쥐고서였다.

정민석 처음엔 막연히 머리로만 모두의 쉼터가 되면 좋겠다, 밖엔 없었거든요. 개인적으론 트랜스젠더? 청소년에게 지지가 되는 장소를 만들고 싶었는데 그게 어렵더라고요. 회의를 진행하고 여기저기 자문할수록 한계가 명확하게 다가왔어요. 안 되는구나 낙담할 만한데 이상하게도 법의 한계, 시설 내 인권의 현실, 비가시화된 존재가 경험하는 폭력 등에 부딪히니 청소년 성소수자의 현실이 살갗으로 느껴졌어요. 그래서 더 열심히 뛰었어요. 벽에 가로막힐 때 외려 실현해보고 싶은 욕구가 솟았죠. 내용을 채우면서 모금에 집중했는데 돈 한 푼 없는 상태, 무(無)에서 시작하니까 도리어 재밌었어요. 마이너스가 될 일은 없잖아요, 적어도. 여러 이유로 기부하는 사람들을 보면서 잘될까 싶던 회의도 사라졌어요.

임보라 불안하지 않았다면 거짓말이겠죠. 실체가 없으니까 막막했고요. '안 된다', '못 한다'는 것투성인데 놀랍게도 회의를 거듭하면서 실체가 드러나니까 신기했어요. 민석 님은 안건이 통과될 때까지 지치지 않고 기획안을 수정했죠. 샘의 제안으로 글로벌기빙 모금이 시작되었지만 초기에는 해외 모금에 대한 선입견이 있어서 망설이기도 했어요. 돈 한 푼 없이 출발해 2014년 1월 무지개청소년세이프스페이스라는 이름으로 국내 모금을 시작할 때 이미 참여단체 기초자금과 후원금을 합한 3,567,430원, 글로벌기빙에 모인 6,798,86달러가 종잣돈으로 쌓인 상태였죠.

정민석 1차 거리상담모금 완료 후 무지개청소년세이프스페이스 설립준비위원회로 전환하기까지 4개 참여단체에서 7~8명은

늘 참여했어요. 매월 1~2회 회의를 가졌는데 오지 못하는 분들은 각자 맡은 다른 일에 열심이셨죠. 번역을 하거나 글을 써서 해외에 우리 프로젝트를 알리거나 한국 개신교 성소수자의 목소리를 담은 인터뷰를 유튜브에 올리기도 하고, 탈가정 청소년 성소수자와 유관기관을 만나 보고서를 작성했어요. 누구도 비용을 받지 않았지만 부당하다고 생각하지 않았어요. 누가 요구하지 않고 스스로 결정한 나눔이고 참여여서 가능한 일이었어요. 그걸 기반으로 또 기획안을 만들고 왜 기부해야 하는지 근거를 만들었죠. 회의하고 정리하고 회람하고 공유하는 게 자연스러웠어요. 가끔씩 '어쩌면 이 프로젝트가 성공할 수 없을지도 모른다', '아마도 한국에선 힘들 것이다'라는 생각이 들면 임보라 목사님께 섬돌향린교회가 재단을 만들어 운영하는 게 나을 수도 있다고 푸념처럼 얘기했어요. 섬돌에서 소개해준다면 사역이어도 상관없다고 생각할 만큼 불안했죠. 뭐라도 지붕이 있으면 덜 불안하게 청소년을 만나겠지 생각했고요. 1~2천만 원이 모인다고 해도 두세 달 월세 내면 끝인데 지속가능한 쉼터를 제공할 수 있을지 회의적이었으니까요.

임보라 민석 님이 왜 그런 이야기를 했는지 모르지 않아요. 2013년에는 기획하고 회의하고 해외 모금만 진행했으니까 얼마만큼이나 지속될까 두려웠을 거예요. 그럼에도 무지개청소년세이프스페이스가 누구의 것이 아니라 퀴어 커뮤니티의 소중한 자산으로 남길 바랐어요. 사실 저는 온갖 복지사업을 선교 목적으로 하는 데 매우 비판적이에요. 전도의 대상으로 청소년 성소수자를 만날 때 존중은 사라져요. 손님인 양 외부자를 환대하는 쉼터보다 누구나 주체로 드나들 수 있는 장소를 바랐어요. 그래서 교회 혹은 재단은 운영이 아니라 지원을 담당하면 된다고 생각했습니다. 꾸준한 후원단체, 연대단체로 함께하는 거죠. 벽돌을 함께 쌓고 있을 뿐, 다 쌓으면 우리는 빠질 거라고 얘기했어요.

2014년 2월에는 무지개청소년세이프스페이스 인큐베이팅 기획단을 구성하고 온라인 후원 페이지를 제작해 4월부터 1구좌 10만 원 모금을 시작했다. 1단계 거리상담 시작을 위한 3천만 원을 마련하는 이른바 '10만 원 기부클럽'은 300명의 후원자 유치가 목표였다. 아직 기부금 영수증 발급도 어려운, 활동 계획이 전부인 단체였지만 청소년 성소수자 인권운동이 성소수자 모두의 과제라는 생각에 머뭇거림 없이 달려나갔다. 네덜란드 플래닛로미오재단(PlanetRomeo Foundation) 지원이 확정되는가 하면, 영문 매체인 「코리아 헤럴드」, 「코리아 타임스」, 『그루브(Groove magazine)』, 『코리암 저널(KoreAm)』에 보도되면서 무지개청소년세이프스페이스는 국내 기금 홍보와 맞물려 유관 커뮤니티에 서서히 알려졌다.

4월에는 성소수자 인권단체, 교회 관계자, 청소년 사회복지사, 성소수자 친화적 심리상담 전문가 그룹 등을 초대해 자문회의를 가졌으며 2013년에 이어 거리상담 운영기관도 방문했다. 연구자료 및 탈가정 탈학교 위기 청소년에 대한 법제도 정책 검토, 교회 안팎에서 어려움을 겪는 청소년 성소수자 이슈를 어떻게 다룰 것인지에 관한 논의는 청소년 성소수자 거리상담 진행을 위한 기초조사 수순이기도 했다. 이 자리에서 '누구를 어떻게 만날 것인가'에 대한 고민이 다시 도마에 올랐다. 1년을 끊임없이 궁리했음에도 여전히 같은 자리를 맴도는 것 같은 느낌이 드는, 기운 빠질 법한 주제였으나 인큐베이팅 기획단은 여전했다. 계속 얘기해도 모자랄 만큼 중요한 이슈, 그러나 한 번도 제대로 진지하게 고민하지 않은 영역이라는 것을 재인식할 뿐이었다. 그것은 무지개청소년세이프스페이스의 전부랄 수 있는 질문이었다.

정민석　분명 어려웠고 불안했고 막막했는데 사실 그래서 재밌었어요. 정점은 2014년이었죠. 얼마 모였는지 확인할 때마다 이상한 희열에 휩싸였는데 신기한 경험이었어요. 우리가 만나서 자조처럼 중얼거리는 말이 "차별금지법을 왜 안 만들어주지, 혐오 때문에 피곤해, 뭔가 해결되는 것도 없이 계속 쳇바퀴 같은 인권 상황 지긋지긋하다"거든요. 그런데 무지개청소년세이프스페이스는 눈에 보이는 거예요. 퀴어 인권, 특히 청소년을 걱정하며 행동하는 사람들이 수치로 드러나니까요. 4월에 연 계좌에 3천만 원이 모여서 국내 모금을 일단락 짓고 모금 성공 파티를 하는데 꼭 꿈만 같더라고요.

임보라 2014년 총 모금액이 국내외 합해 5천만 원을 웃돌았잖아요. 구글과 아름다운재단에서 받은 금액은 제외하고요. 간절히 바랐어도 놀랍긴 했죠. 말 그대로 전방위적이고도 구체적으로 후원이 이뤄지는 걸 목도하면서 퀴어 커뮤니티와 그들의 적극적 지지자들이 오랫동안 꿈꿨던 순간이라는 걸 알아챘어요. 알음알음 지인들에 기대는, 익숙한 형태의 후원 파티(후원 주점)가 아니라 더 상상력을 발휘해 후원 참여를 확장할 수 있겠다고 생각했죠. 그래서 바자회, 영화 상영회, 해외 모금이 가능했고 그 자체로 활기가 됐던 것 같아요. 너니 나니 하면서 허물없이 지낸다는 우리말에서 따온 '너나들이'에 '나들이'의 의미까지 담은 '너 나들이 바자회'도 했어요. 정산 후 금액이 크지는 않았지만 정말 많은 사람들이 참여해 옷, 도서, 전자 제품, 외국어 강의 수강권 등의 물품을 기증했죠. 여러 사람들이 간절한 마음으로 무지개청소년세이프스페이스를 응원하고 지지한다는 걸 느낄 수 있는 순간이었어요.

정민석 저마다의 방법으로 다양한 후원을 해줬다는 게 맞아요. 이영 감독이 〈Out : 이반검열 두 번째 이야기〉를, '연분홍치마'가 〈3×FTM〉, 〈레즈비언 정치도전기〉, 〈종로의 기적〉을 상영하고 감독님들이 직접 관객과의 대화 자리에 나와주셨고, 영화 상영 후 자발적으로 모인 기부금은 모두 무지개청소년세이프스페이스 모금에 보탰어요. 누군가는 미국 해외 연수 기간에 청소년기관을 방문해서 그 결과들을 브리핑해줬고요. 돈이 없으면 물품으로, 물품이 없으면 발품으로 또 아이디어로 응원하고 지지했어요. 퀴어 당사자가 많긴 했지만 비퀴어도 상당했습니다. 24시간이 모자라서 종종거리며 산지사방을 돌아다녔다는 말이 딱 맞아요. 정말 잊지 못할 사람과 장면이 많네요. 돌아보니 사람들이 자신이 할 수 있는 모든 것을 끌어모아 기꺼이 기여했던 2014년이었던 것 같아요. 특히 후원 시스템이 없어서 매월 직접 계좌이체해야 하는 초창기에 말없이 후원자로 나서줬던 섬돌향린교회 교인들께 감사드려요.

홍보가 가능한 곳이라면 어디라도 마다하지 않았다. 육우당 추모[7] 기간 후원 행사, 퀴어문화축제 부스 운영, 자체 후원 파티 기획은 물론이고 서울인권영화제, 서울LGBT영화제 등 인권 관련 행사에는 빠지지 않고 참석해 무지개청소년세이프스페이스를 알렸다. 4·9통일평화재단, 5·18기념재단, 아름다운재단 등 청소년 성소수자에 관심을 가질 국내 기금 프로젝트도 백방으로 알아봤다.

2014년 9월 26일 금요일 오후 7시 드디어 무지개청소년세이프스페이스 모금 성공을 축하하는 파티를 열었다. '10만 원 기부

7 　2004년부터 매년 4월이 되면 술, 담배, 수면제, 파운데이션, 녹차, 묵주를 친구처럼 곁에 뒀던 육우당의 죽음을 애도한다. 더불어 행동하는성소수자인권연대 주최로 청소년 성소수자 인권에 대해 이야기할 수 있는 추모 캠페인을 진행하기도 한다.

클럽 300명이면 목표 금액을 달성할 수 있다'는 슬로건으로 4월부터 시작한 국내 모금에 80명이 참여, 목표 금액의 41.5%를 웃도는 16,495,660원이 모였다. 트랜스젠더 아들을 둔 클라라 윤을 비롯해 미국에 거주하는 성소수자와 지인이 홍보와 조직에 많은 도움을 주었고 네덜란드 플래닛로미오재단이 지원한 5천 유로도 목표 달성에 큰 역할을 했다. 1단계 모금 인큐베이팅 역할을 사실상 마무리하는 자리였다. 놀랍게도 아름다운재단의 2014년 변화의 시나리오 인큐베이팅 사업에 선정된 시점이기도 했다.

퀴어문화축제

2000년 참가자 50여 명이 '무지개2000'이라는 이름으로 치러냈던 첫 서울퀴어문화축제가 2019년 여름 15만 명(주최 측 추산)의 참가자와 함께 20회를 맞았다. 개신교계 퀴어문화축제 반대 집단의 숱한 혐오, "반대하지 않을 테니 조용히 지내라"는 뭇사람들의 에두른 배제에도 불구하고 한 해도 거르지 않고 진행된 서울퀴어문화축제는 "성소수자의 자긍심을 고취하고 성소수자에 대한 편견을 해소하며 인식 변화를 이뤄내기 위한 공개 문화행사"이다. 성소수자 단체는 물론이고 대학 성소수자 동아리, 국가인권위원회 등 인권단체와 종교단체, 정의당, 녹색당, 미국을 비롯한 세계 각국의 대사관, 구글코리아 등의 기업들이 부스를 운영하며 성소수자의 자유로운 삶, 나아가 다양한 소수자들의 연대를 모색하는 가능성의 장소이기도 하다. 서울에서만 개최됐던 퀴어문화축제는 2009년 대구퀴어문화축제를 시작으로 2017년엔 부산과 제주, 2018년에는 전주, 광주, 인천에서 자체적으로 개최되어 '어디에나 있는 성소수자 누구도 소외받지 않는' 축제를 수행 중이다.

퀴어문화축제에 참여한 띵동

변화의 시나리오

무지개청소년세이프스페이스에 참여한 단체 및 개인은 세계의 표준
척도에서 비켜섰다. 이른바 상식과 정상이라 불리는 기준 바깥으로
스스로를 움직였다. 현실에 드리운 지배 방식을 깨는 첫 번째 과정이
자 청소년 성소수자를 이해하는 최선의 태도이며 안전지대를 만들
기 위한 필수 조건이었다. 박탈과 상실에 적극적으로 맞서, 어디에도
종속되지 않는 청소년 성소수자가 일상에서 수시로 느끼는 매 순간
의 불안을 기꺼이 공유하려고 노력했다. 청소년 성소수자와 가까워
질수록 물적 자원이 절실했지만, 이상하게도 그들과 같은 자리에 서
고 보니 돈 한 푼 없는 현실이 그저 무겁게만 느껴지지 않았다. 그러
자 묘한 안정이 깃들었다. 없으면 없는 대로 지내는 상황 또한 방법
이려니 생각하게 됐다. 할 수 있을 만큼 할 뿐이었다. 모금이 안 돼서
자본 없이 활동을 시작하면 어쩌나 싶던 걱정도 내려놓았다. 대신 때
마다 여기저기 프로젝트 사업에 지원하고 알음알음 자원을 끌어모
으면 어려울 것 없지 않겠냐면서 서로를 다독였다.

　　무지개청소년세이프스페이스 인큐베이팅 기획단은 공간 마련 계획을 세우면서도 세계를 깊게 신뢰하진 않았다. 모금에 동참하는 이들 대부분이 당사자일 것이고, 어쩌면 그들마저도 자신의 삶을 돌보느라 스스로에겐 이미 과거일 뿐인 청소년 성소수자를 살필 여력이 없을지도 모른다고 생각했다. 첫 운을 떼고 쉼터를 만들기 위해 함께 움직이는 참여 개인 중 비청소년 비성소수자가 존재했으나 그들은 예외로 치부했다. 청소년이 아니라서, 성소수자가 아니라서 남의 일처럼 먼 주제일 거라고 자주 되뇌었다. 1년이 넘는 숱한 회의 자리마다 과연 누가 관심을 가질 것인가 의심했는지도 모른다. 이중삼중 불신하고 회의한 까닭은 실망하지 않기 위해서였다. 겨우 비축해 한 발짝 나서려던 에너지가 좌절로 소진될까 봐 경계했다. 대신 막연한 낙관에 살짝 기대곤 했다. 혹여 마주하게 될 희망을 아예 놓진 않았다. 그 복잡한 토대 위에서 쉼터를 상상하고 모금을 진행했다.

　　아직 닿지 못한, 그저 경험하지 못했을 뿐인 연대가 어딘가에 있을지도 모른다는 바람으로 자원을 찾아 나섰다. 돈만 한 정표가 없다고 생각하며 눈에 불을 켜고 국내외 인권단체 지원을 꼼꼼히 확인하고 추려낸 몇 개 중 하나가 아름다운재단의 '변화의 시나리오 스폰서'였다. 활동 기간이 만 1년 이상인 시민사회단체나 풀뿌리단체의 시의성을 띠는 단기 프로젝트에 최대 500만 원까지 지원하는 기금이었다. 다만 선정 후 3개월 이내 종료되는 사업임을 감안해 기획안을 좀 더 고민해보자는 의견이 모아졌다. 어떤 지원이 무지개청소년세이프스페이스 프로젝트에 적합한지 논의하는 시간이 필요했고,

한 달 후 그들의 선택은 '모험'이 되었다. '변화의 시나리오 인큐베이팅'에 지원하기로 합의한 것이다. 3년간 최대 2억 원의 인큐베이팅 비용을 지원하는 사업이었다. 3개월이 아닌 3년, 500만 원의 40배에 달하는 자원에 머릿속으로 온갖 프로젝트가 실행되었다. 청소년 성소수자가 불편 없이 드나들 안전한 공간을 마련하고 그곳을 꾸려나갈 상임활동가를 채용할 수 있을뿐더러 거리상담이 가능했다. 기회 그 자체로도 꿈을 꿀 동력이니 그만큼 치열한 경쟁이 기다리고 있을 터였다.

　무엇보다 '사회적, 공익적 의미와 가치를 가질 것'이라는 주제에 부합해야 했다. 세계를 지배하는 표준 척도에서 비켜나 어디에도 종속되지 않는 자유에 가 닿으려는 탈규범적인 청소년 성소수자를 지원하는 일이 어떻게 사회 공익과 맞닿을 수 있는지 설득이 필요했다. 무지개청소년세이프스페이스를 준비하며 재원을 모색할 때마다 부딪히는 '보편'이라 불리는 규범이 다시 걸림돌로 등장했다. 의도 없이 탈주하고 존재 자체로 탈법인 청소년 성소수자를 '있는 그대로' 수용하는 자리를 확보하기 위해서는 사회, 공익, 보편이라는 정의를 확장하는 게 필수였다. 먼저 청소년 성소수자를 담아낼 언어를 골라야 했다. 그래야 자신을 드러내는 게 금기였던 청소년 성소수자를 오롯이 드러낼 수 있었다. '불쌍'해서 '시혜'하는 '이벤트'도 사양했다. 개인의 권리와 사회적 자유가 침해될 위험에 처했을 때 그 권리와 자유를 증진하도록 '옹호'하고, 절대적인 다수성 밖으로 밀려나 '너'조차도 되지 못해 '저들'로 분류된 청소년 성소수자가 편견과 혐오에 노출돼 있다는 걸 드러내야 했다. 세계시민으로 가난, 종교, 인종과 민족 등을 고민하듯 성별정체성과 성적지향을 아우른 공익을 설명하기로 의견을 모았다. 개인에 머물지 않고 사회정치적 상황을 통합하는 사회적 공감이 사회행동[8]으로 표현될 때, 청소년 성소수자를 넘어 청소년 비성소수자는 물론 비청소년 비성소수자도 자유롭다는 걸 회의에 자리한 모두가 믿었다.

지원하면서도 선정을 기대하진 않았다. 무지개청소년세이프스페이스 프로젝트가 사회적이고 공익적인 사업이냐 아니냐는 문제는 빼놓고서라도, 현재 진행 중인 모금활동도 마음에 걸렸다. 인큐베이팅 지원사업의 특성상 이미 가진 자산이 있는데 뭘 더 지원받으려고 하는 거냐고 판단할까 봐 걱정했다. 심사에서 중요한 요소로 '자립도'를 꼽는다는 걸 모를 때였다. 이러거나 저러거나 절실해서 부딪쳤다. 무모하더라도 달려가보자는 마음으로 서류를 접수했다. 그리고 1차 선정 결과를 발표하기까지 한 달여 동안은 잊고 지냈다. 그 기간의 회의록에는 지원사업에 대한 간략한 설명과 일정, "가능성은 적지만 프로젝트 지원을 해보았습니다"라는 담담한 문장이 적혔다. 잘됐으면 좋겠다는 희망을 농담처럼 주고받으며 지갑 속 로또마냥 일상 속에 묻어뒀다. 그러나 놀랍게도 무지개청소년세이프스페이스는

---

8 '사회적 공감(social empathy)'과 '사회행동(social action)'은 감정이입과 무조건적인 긍정적 존중, 진실성과 존중으로부터 파생되는 것으로, 한두 명이 행하는 소수의 행동이 아니라 사회공동체가 함께하는 실천이다. 사회적 공감이라는 개념은 기존에 있었던 공감이나 감정이입에 대한 이해의 영역을 확장시키고 광범위한 사회정치적 상황을 통합한다.(West-Olatunji, 『청소년 상담복지 과제와 전망』, 한국청소년상담복지개발원, 2012)

1차 심사를 통과했다. 6월 20일에 열린 제9차 정기회의에서 이후 일정을 공유했고, 1차 신청서를 보완한 2차 사업계획서와 자립계획서를 8월 14일에 제출하고 28일에 최종 프레젠테이션을 하려면 어떻게 준비해야 할지 논의했다. 심사 요건인 주체 역량, 사업의 필요성, 사회적 파급력, 준비성, 예산 합리성 등을 고려한 치밀한 계획을 위해 확대회의를 꾸렸다.

공간을 마련하고 운영위원, 자문위원을 위촉한 후 조직회칙과 운영지침을 결정해 운영을 안정화하는 게 2014년의 계획이었다. 1차년인 2015년에 거리상담과 20대 자원활동가 교육을 펼치고, 2차년에 12시간 핫라인과 안정적인 쉼을 제공하며, 이를 확장한 3차년인 2017년엔 드롭인센터의 지속가능성을 공고히 하겠다는 포부를 녹였다. 연 1회 위기청소년 사례 발표회를 개최하고 연간활동보고서를 제작하는가 하면 청소년기관 방문 성소수자 인권교육을 통해 시민사회와 밀접하게 소통하겠다는 의지도 피력했다. 청소년 성소수자 지원이 특별하고 예외적인 사건이 아니라는 걸 당사자와 비당사자 모두 일상에서 경험할 수 있도록 시민사회 주체로서 목소리를 내는 계획이었다. 초여름에 시작한 무지개청소년세이프스페이스 세부안은 시간이 흐를수록 무르익었다. 2013년부터 1년 동안 모금에 집중하며 준비했던 것과는 다른 결의 계획에 모두 들뜬 기분이었다. 돈 걱정하느라 위축되거나 모험과 도전에 소극적인 활동을 경계할 수 있었다. 스스로 성장할 수 있는 시간은 선물이나 다름없었다. 열정을 요구하며 제대로 된 월급을 쥐여줄 수 없는 상황도 면할 터였다. 청소년 성소수자에게 자유롭고 안전한 공간을 제공하기 위해 다른 누군가를 억압하는 구조를 지양하기에 아름다운재단의 3년 지원은 굉장한 뒷심이었다. '만약'이라는 가정으로 상상만 했을 뿐인데, 아무것도 없는 상황에서 한 푼 두 푼 모아 쉼터를 만들고자 고군분투하던 간절함에 여유가 생겼다. 건조하고 척박한 공간에 바람이 들었다. 슬쩍 열린 출구가 닫힐까 봐 돌멩이를 받쳐두었다.

　8월 28일 목요일 옥인동 아름다운재단에서 최종 프레젠테이션을 가졌다. 무지개청소년세이프스페이스 인큐베이팅 기획단에선 동인련의 정민석과 섬돌향린교회 임보라 목사 그리고 상임활동가로 합류할 은찬이 참석해 준비한 자료를 발표했다. 그 후 자료를 찬찬히 살펴보던 심사위원 중 누군가가 질문했다. "이런 센터가 없는 게 좋은 것 아닌가요?" 순간 정적이 흘렀다. 딴죽을 거는 질문이 아니란 걸 알았지만 긴장이 감돌았다. 자유롭고 안전한 장소라지만 결국 게토로 분류되지 않겠느냐, 어디든 갈 수 있고 어디서나 살아갈 수 있어야 한다면 다른 곳을 변화시켜 더불어 사는 데 초점을 두는 건 어떻게 생각하느냐를 묻는 것이었다. 당연했다. 경계 짓고 모욕하고 위협하고 밀어내고 문을 잠그는 폭력에 노출돼 존재가 삭제된 청소년 성소수자가 가장 먼저 되찾아야 할 것은 '자리'였다. 투쟁 없이도 당연히 주어졌어야 할, 스스로에게 '마땅한 장소'를 경험하는 게 중요했다. 하지만 사회가 다양성을 자연스럽게 받아들이기까지 오랜 시간이 걸릴 테고, 그때까지는 안전지대가 필요했다. 그게 무지개청소년세이프스페이스가 반드시 설립되어야 하는 이유였다. 은찬은 자

신의 청소년 시절 이야기를 개방했고 정민석 또한 이상과 다른 인권
사각지대의 청소년 성소수자 현실을 설명했다. "언젠가 사라지기를
바랍니다. 그런 세상이 오기를 진심으로 바랍니다. 그러나 지금은 아
닙니다. 청소년 성소수자에겐 그들만의 장소가 필요합니다." 질문의
답이 끝났다. 함께 참석한 임보라 목사와 심사위원 중 한 명이 흘린
눈물이 마침표가 되었다.

가을을 코앞에 둔 여름의 가장자리. 다시 기다림이 시작되었다.
고작 일주일이었으나 기대하지 않던 1차 때와는 달리 '어쩌면 우리
가 선정될지도 모른다'는 바람에 하루하루가 더디 지났다. 1단계 거
리상담모금의 막바지라 모두 정신없이 바빴으나 변화의 시나리오
인큐베이팅 지원사업을 매 순간 기억했다. 마침내 9월 4일, 무지개청
소년세이프스페이스가 2014년 아름다운재단 변화의 시나리오 인큐
베이팅 지원사업 단체로 선정되었다. 2015년부터 2017년까지 3년간
2억 원의 사업비를 지원받는 꿈같은 일이 현실이 된 것이다. 불가능
에 가까웠던 모금 성공과 지원사업 선정. 저마다의 삶을 꾸리느라 청
소년 성소수자에게 관심을 두지 않을 것이라는 불신, 그럼에도 연대
하기를 바라던 지난 시간이 소중했다. 낙담할까 봐 불신했던 세계가
신뢰로 재구성되었다.

청소년 성소수자에게 안전한 공간을 마련하려고 백방으로 애쓰
는 사람들을 만났다. 차별과 혐오를 넘어서려던 프로젝트 끝에서 본
건 놀랍게도 조건 없는 환대였다. 2013년 봄 첫 모임에선 예상치 못
한 반전이었다.

웰컴 홈, '띵동' 문을 열다

2014년 9월 3일 구글코리아 커뮤니케이션 상무인 로이스와 만나 청소년 성소수자 후원을 논의한 다음 날, 변화의 시나리오 인큐베이팅 지원사업의 단체로 선정되었다. 9월 14일에 무지개청소년세이프스페이스 인큐베이팅 기획단의 마지막 확대회의를 마치고 9월 17일 아름다운재단과 실무 미팅을 가졌다. 그리고 9월 26일 1단계 모금 성공 축하 파티를 열었다.

한 달 사이 도전과 모험의 매듭이 생겼다. 주마등처럼 지난 시간이 되감겨 곰곰 더듬었으나 그럴수록 현실이 낯설었다. 개인의 바람이 씨앗이 되어 뜻을 같이하는 몇몇 단체와 청소년 성소수자를 위해 모금을 준비했고, 무지개쉼터 프로젝트가 무지개청소년세이프스페이스로 바뀌고 인큐베이팅 기획단이 확대회의를 거쳐 설립준비위원회로 모습을 달리하기까지 1년 6개월이 지났다. 시간이 흐를수록 단단해지는 비전, 구체적인 목표를 담아내기 위해 유연하게 모임의 틀을 흩뜨리고 조직하기를 반복했다. 대상을 관리하기 편하게 재단

띵동 '오픈하우스'

하지 않고 오롯하게 맞춤하는 방법에 집중하니 현재에 와 있었다. 보편성과 합리성을 근거라고 주장하지만 따지고 보면 특정 다수의 규범에 불과한 세계의 질서, 거기에 뿌리내린 저마다의 공간에서 상처받는 청소년 성소수자를 지키려는 마음을 중심에 두었더니 언제든 변신 가능했다. 2014년 10월부터 무지개청소년세이프스페이스 설립 준비위원회로 전환이 가능했던 이유다.

　　10월부터 12월 말일까지 협력단체와 자문위원회 구성을 목적으로 사람들을 만났다. 무지개청소년세이프스페이스와 밀접한 성소수자 단체와 거리상담, 쉼터, 의료지원, 법률지원, 상담지원, 인권교육, 탈학교 청소년지원, 퀴어 이슈 전문상담 지원단체를 방문해 동행할 수 있을지 가늠했다. 관악, 안산 지역에서 청소년 거리이동상담 사업을 진행하는 '움직이는 청소년센터 EXIT', 살림의료생협, 서울시립 십대여성건강센터 '나는봄', 트라우마치유센터 사회적협동조합 '사람마음', 별의별상담연구소, 마음복지관 등 20여 곳의 구성원들과 이야기를 나눈 후 단체 방문 결과보고서를 꼼꼼히 작성하고 회람했다. 방문 단체, 방문 일시, 방문자, 단체 참석자 소개는 물론 간담회 내용과 방문자 평가와 구체적 제안이 꼼꼼하게 서술된 보고서에는 방문 단체가 청소년 성소수자에게 품은 애정이 고스란히 담겼다. 누구도 귀찮다고 하지 않고 "이 기관을 만나봐라, 저 사람을 만나야 한다"면서 이제 시작될 무지개청소년세이프스페이스의 안착을 바랐다. 말뿐인 응원이 아닌 후원자로 네트워크로 몸소 움직이는 사람들이 낯선 만큼 고마웠다. 세계에 점점이 부려진 것처럼 보이는 개인이 사실

그물처럼 연결되어 있음을 어렴풋이 느끼는 순간이었다. 묘한 충만
함에 자신감이 생기기도 했다. 무지개청소년세이프스페이스가 정말
잘되어야 한다고 몇 번이고 다짐하며 개소를 향해 내달렸다.

　10월 21일, 설립준비위원회의 첫 회의에서 10명의 설립준비위원
이 꾸려지고 정민석이 위원장으로 위촉됐다. 이후로 4번의 회의를 진
행하며 개소식을 준비했다. 두 달 남짓한 개소식이 어찌나 빠듯한지
한숨 돌릴 시간조차 아까웠다. 거의 모든 일이 동시다발로 진행됐다.
다른 기관에 적을 둔 설립준비위원회 사람들은 날이 저물면 무지개
청소년세이프스페이스를 위해 걸었다. 사용자가 오가기 쉬운 안전한
동네에 공간을 마련하고 다섯 차례에 걸쳐 최적의 인테리어 노하우
를 확보하려 노력했다. 그러려면 사무실을 구해 고유번호증을 받는
게 1순위였다. 의사결정 구조를 고민하기엔 시간이 빠듯해서 1년 동
안 충분히 탐색한 후 비영리민간단체 등록을 추진하기로 뜻을 모았
다. 고유번호증만 발급받은 임의단체 출발을 결정한 것이다.

　다음으로 필요한 건 이름이었다. 재단 혹은 법인단체로 등록할
지 정부 지원을 받을지에 대한 논의 차원이 아니라도, 단체명이 있
어야 통장을 발급받아 지원금을 수령할 수 있었다. 프로젝트 이름인
무지개청소년세이프스페이스를 그대로 사용해도 문제될 건 없었다.
다만 새 술을 새 부대에 담는다는 의미와 비전과 미션, 목표를 한 번
에 꿸 더 좋은 뭔가가 있으면 좋겠다고 생각했다. 가랑비에 젖듯 자
연스럽게 불릴, 세상에서 가장 작은 주술이 이름이라지 않던가. 그래
서 이름을 취합했다. 둥지에 먹을 것을 모아두는 부엉이에서 유래하

여 없는 것 없이 무엇이나 다 갖춰졌다는 뜻의 '부엉이곳간', 와도 괜찮고 뭘 해도 괜찮다는 의미의 '괜찮아', 따뜻한 쉼을 담은 '온유', 아우팅 위험을 고려한 일종의 암호이자 방어막으로 서로를 알아볼 때 쓰는 십대여성이반의 은어 '띵동'을 비롯해 '쉼표', '우주', '달팽이'가 단체명 후보로 거론됐다. 이 중 설립준비위원회가 추려낸 5개의 후보 명칭을 온라인 투표에 부쳤다. 여러 사람에게 불릴 이름인 만큼 관심 있는 사람들이 참여하기를 바라며 출발을 알렸다. 그렇게 탄생한 이름이 바로 '띵동'이었다. 초인종 소리이기도 한 '띵동'은 청소년 성소수자 스스로 지은 그들의 언어인 동시에, 무지개청소년세이프스페이스가 서로 환대하고 정체성을 확인하는 공간이자 저마다 어려움과 욕구를 알아차리고 함께 채우는 장소이길 바라는 마음까지도 담고 있었다.

그다음으로 고민할 것은 구체적인 정관과 회칙이었다. 특정 기관의 부설기관도 아니고 비영리단체도 아닌 상황에서 기존의 조직 틀을 고수할 이유는 없었다. 정관이나 회칙이 훌륭하다고 단체가 훌륭한 것이 아님을 모르지 않았다. 필요한 건 앞으로 펼칠 사업의 대상인 청소년 성소수자와 사업을 이끌 상임활동가를 아우르는 느슨하지만 안전한 원칙이었다. 개인을 통제하고 관리하기보다 마땅히 보장할 권리와 기꺼이 껴안을 책임을 명문화하는 작업이었다. 혼란스러울 때 기댈 안전장치를 만들겠다는 절실한 마음에 소수 의견도 허투루 지나치지 않았다. 운영체계와 의사결정구조를 만드는 과정 역시 비전과 목적에 부합해야 한다는 합의 때문이었다. 진통 끝에 받아 든 총칙이 "본 단체는 위기 상황의 청소년 성소수자를 보호하고 지원함으로써 청소년이 신체적, 정신적 안녕을 보장받고 성적지향과 성별정체성에 대한 자아 존중감을 바탕으로 주체적인 삶을 살 수 있도록 돕는 것을 목적으로 한다"는 목적과, "청소년 성소수자 위기 상담 및 개입, 유형별 전문상담 제공 및 연계, 치유 프로그램 운영— 트라우마 극복, 스트레스·우울·분노 해소, 인권교육 프로그램 운영, 청소년 성소수자 쉼터 준비 및 운영, 그 외 청소년 성소수자들의 위기 해소와 인권증진을 위한 활동"이란 수행사업이었다.

　　이제 외현을 구축할 차례였다. 성북 지역에 마련한 21평의 공간을 어떻게 꾸밀지 다시 긴 회의가 이어졌다. 넉넉하지 않은 예산으로 최대의 효과를 내기 위해 진행될 사업에 들어맞는 인테리어에 초점을 두었다. 전월세로 얻은 공간이라 무작정 돈을 쏟을 수 없는 한계를 껴안은 채였다. 비용에 맞게 공간을 마련하는 것이 중요한 과제였다. 그럼에도 욕구가 죽순처럼 불쑥 솟곤 했다. 샤워 시설이 꼭 있었으면 좋겠다, 좌식으로 된 공간을 넓게 만들어서 밥도 먹고 숙박도 가능하도록 활용하고 싶다, 함께 밥을 먹는 게 중요한데 그러려면 주방 시설에 돈을 더 투자하는 게 낫다, 가구나 전자기기, 물품 등은 최대한 주변 단체나 개인들에게 기부 받아 비용을 절약해 보자 등등. 자원이 부족한 청소년 성소수자가 '그럭저럭 쉬어가기 괜찮은 공간' 보다 그들 몸에 꼭 맞아 잊히지 않는 장소를 바랐기에 주머니 사정을 헤아리면서도 인테리어 아이디어를 버리지 못했다. 하지만 예산은 빠듯했다. 안정적인 재원 마련을 준비하지 않은 상황에서 1단계 모금액을 무작정 쓸 수 없었다. 인건비와 단체 사무실 임차료 등 1년 동안의 고정 지출비를 무시하기 어려웠다. 궁리 끝에 거머쥔 대책은 이번에도 모금이었다. 염치없더라도 별수 없었다. 청소년 성소수자에게 필요한 걸 끌어오기 위해 눈을 질끈 감았다.

"당신의 '힘'으로 청소년 성소수자들이 이용할 주방과 샤워 공간을 만들어주세요!"라는 슬로건으로 11월 13일부터 30일까지 샤워실과 주방 공사 추가 비용 모금을 진행했다. 총 모금액은 목표였던 4백만 원을 4% 웃도는 4,171,000원. 그것으로 샤워실의 슬라이딩 문과 급배수 배관 공사, 바닥과 벽타일 공사를 하고 샤워핸들과 화장실 액세서리와 거울을 설치하고, 주방 싱크대를 놓았다. 다양한 교육프로그램이 가능한 툭 트인 오픈홀, 마음을 터놓을 수 있는 아늑한 상담실, 따뜻한 물로 샤워한 후 잠시 눈을 붙일 수 있는 낮잠 방과 따뜻한 한 끼를 제공받을 수도 있는 공간이 비로소 꼴을 갖췄다. 보이지도 않던 뭇사람의 염원은 얼지 않고 흘러들어 청소년 성소수자에게로 스몄다. 그들에게 안전한 공간을 지키고자 기꺼이 결계가 되어주었다.

우여곡절 끝에 개소식이 다가왔다. 무지개청소년세이프스페이스 설립준비위원회가 바라는 개소식은 의례적이고 하나마나한 인사치레를 거두고 소통하는 시공이었다. 더 많은 사람이 들르기를 바라기에 12월 23일, 24일 이틀에 걸쳐 오후 2시부터 오픈하우스를, 저녁 7시부터는 시작부터 현재까지를 정리하고 공간을 소개하며 덕담을 나누기로 결정했다. 넓진 않지만 꿈이 모여 완성된 곳곳을 자랑하며 '덕분'이라는 말을 나누고 싶었다. 길게는 1년 6개월 동안 함께 달려

청소년 성소수자를 위한 공간인 '띵동'의 현재 모습. 초창기보다 훨씬 넓고 아늑해졌다.

준 후원자와 마주할 생각에 설립준비위원들은 잔뜩 상기됐다. '띵동'이라는 이름으로 맞이하는 첫 번째 환대의 시간이었다. '혼자가 아니구나' 고개 끄덕이는 자리, '나'라는 사람을 특이한 개체로 묶음처리하지 않고 특별한 개개인으로 존중하는, 청소년 성소수자를 위한 장소 '띵동'이 드디어 문을 열었다.

구글이 왜 띵동과 함께하냐고요?

―로이스(구글코리아 '게이글러스Gayglers' 공동대표)

띵―동―, 띵동띵동!

유치한 시작이지만, 이런 초인종 소리를 들었던 것 같다. 5년여 전이다. 인터넷 서핑을 하다가 우연히 봤다. 국내 첫 청소년 성소수자 위기지원센터 설립을 준비한단다. 이를 위해 기금을 모금한다는 영어 동영상. 나중에 한글 웹사이트도 들어가봤다. 기억이 가물거리는데, 아마 그때는 '띵동'이란 이름이 없었던 것 같다. 당시는 청소년 성소수자 위기지원센터 준비를 시작하고 첫 공간을 마련하는 단계였다. 모금 현황이 웹사이트에 올라와 있었다. 이상했다. 대부분의 후원금이 해외에서 온 것이었고, 국내 모금액은 거의 없었다. 걱정이 일었다. 아니, 내가 살고 있는 사회를 위한 일인데 왜 여기 발 딛고 사는 국내 후원자들은 없고 해외 후원만 있는 것인가. 얼굴이 화끈거렸다. 띵동과의 인연은 이렇게 시작되었다.

나의 사회적 정체성은 성소수자와 장애인 등 다양한 소수자와 함께하는 일터를 지향하는 구글 직원이다. 어느새 12년을 함께하고 있다. 하루하루 정신없게 보내야 하는 여타 직장과 다름없지만 구글은 좀 달랐다. 특히 내가 속한

팀에는 사회 혁신과 변화를 위한 아이디어 제안 제도가 있다. 5년여 전, 웹사이트를 통해 청소년 성소수자 위기지원센터 띵동을 설립한다는 것과 국내 후원자가 부족하다는 사실을 알고 이에 대한 후원 제안서를 작성했다. 왜 이런 지원센터가 필요한지, 왜 구글이 지원해야 하는지 고민하고 리서치를 했다. 사실 매우 조심스러웠다. '우리 사회의 문제인데 이런 데 회사 기금을 쓰자고 제안하는 게 맞나?', '제안하면 완전 깜놀일까?', '개인이 아니라 회사가 이런 후원을 하는 것이 알려져도 괜찮을까?' 등 온갖 생각이 다 들었다. 특히 나는 회사 이미지를 담당하는 홍보를 총괄하고 있었기에 이런저런 생각이 더 들었다. 결론은 'right things to do(옳은 일)'이니 '밑져야 본전'이라는 것! 전화를 통해서만 알았던 민석 님, 은찬 님과 이메일을 주고받으면서 자료를 만들고 제안서를 준비했다. 걱정이 많았지만 회사와 동료들의 피드백은 완전 대박이었다. "와, 정말 필요한 일을 하는구나. 용기 있다. 그래 이런 일을 우리가 해야지."

당시 나는 내 제안서가 받아들여진 것도 기뻤지만 이런 제안을 흔쾌히 받아주는 회사 문화에 감동했다. 사실 그건 시작일 뿐이었다. 성소수자와 함께하는 우리 사회를 위한 다양한 제안들이 계속 받아들여졌다. 첫 번째 띵동 설립 후원, 띵동 설립 후 두 번째 후원, 더 나아가 인권재단 사람을 통해 성소수자 인권활동을 지원하는 무지개온 프로젝트, 그리고 2018년 인권재단 사람과 함께했던 '인권의 모양'[9]이라는 우리 사회 다양성 캠페인 등. 후원은 서울퀴어문화축

---

9   세계인권선언 70주년을 맞아 인권재단 사람과 구글이 함께 진행한 '인권의 모양' 캠페인은 탈시설, 성평등, 성소수자, 병역거부자, 난민 등 우리 사회에서 쟁점이 되고 있는 인권 이슈를 영상으로 제작한 프로젝트다. 인권단체들의 적극적인 참여로 영상의 완성도를 높였고, 구글이 제작비와 광고비를 지원하면서 많은 시민들에게 영상이 노출되도록 하였다. 유튜브에서 '인권의 모양'을 검색하면 동영상을 확인할 수 있다.

제 기금 모금을 통해서도 매년 이루어졌고, 연말이면 트리플 매칭(직원이 100을 후원하면, 회사 후원자와 회사가 각각 100씩을 얹는 3배 후원 제도)을 통해서도 이뤄졌다.

구글뿐만 아니라 여러 단체의 후원과 도움으로 띵동이 어렵사리 공간을 구해, 정말 필요했던 공간을 만들고 활동가들이 시작을 했다는 것이 감동이다. 작년에는 더 넓은 공간으로 이전하고, 더 많은 분들이 관심을 가져주고 그 활동이 확장되었다는 것도 기분이 좋다.

무엇보다 뿌듯한 건 성소수자와 함께 활동하는 구글러들(구글 직원의 애칭)과 그 서포터들이 늘었다는 것이다. 띵동과의 작은 인연을 시작으로 구글의 성소수자 지지활동은 서울퀴어문화축제 참여로 확대되었다. 2014년 한 명으로 참여를 시작한 서울퀴어문화축제에 이제 우리는 매년 공식 부스를 차리고 구글 로고를 들고 퍼레이드를 한다. 2018년에는 40여 명이 함께했고 서울퀴어문화축제를 알리자는 목적으로 구글러들이 강남에서 자체 퍼레이드를 했다. 많은 직원들이 자발적으로 참여했다. 무지개 깃발을 준비하고 서울퀴퍼 일정과 '우리는 하나'라는 문구가 쓰인 안내문을 준비해서 많은 구글 직원들이 기쁘고 자랑스럽게 강남 한복판을 행진했다.

이런 변화다. 어떨 때는 우리 사회가 뒤로 가는 것 같아 실망도 하고, 우리와 다른 생각을 가진 사람들의 거친 말과 행동으로 상처도 받지만, 중요하고 또 사실인 것은(!) '우리는 좋은 방향으로 나아가고 있다'는 것이다. 작년이 재작년보다 나아졌고, 재작년이 재재작년보다 나아졌다. 또 올해는 작년보다 나아질 것이다. 퀴어문화축제가 전국으로 확대되고 있는 것도 그 예다. 구글은 서울퀴퍼를 시작으로 2018년에는 전주퀴퍼, 제주퀴퍼, 인천퀴

퍼에 참여했다. 구글 안에서 누가 이런 일을 하는가? 구글에는 게이글러스 Gayglers(Gay+Googlers)라는 성소수자 지지 모임인 자발적 조직이 있다. 한국에도 있다. 이 모임에서는 서울퀴퍼 준비를 함께하고, LGBT 영화 상영을 하고, 무지개 깃발과 인테리어를 장식하는 무지개 주간을 만들어 직원들과 함께 토크 행사도 진행한다.

　띵동 등에 대한 공식 후원이 알려지거나 퀴어문화축제에 나갈 때마다 질문을 받는다. 구글이 왜 성소수자를 지지하고 행사에 참여하고 후원하느냐고. 심지어 구글이 돈을 벌기 위해서 그런다는 기사도 나왔다. 글쎄, '옳은 일'을 하는 데 이유가 있나? 아니다. 이유가 있긴 하다. 우리 구글 직원들 또한 다양한 개인들로 이루어져 있다. 이들이 편안하게 일할 수 있는 근무 환경을 만드는 것은 정말 중요하다. 더 나아가 우리 사회 전체가 모든 이들이 자부심을 가지고 행복하게 사는 곳이 되어야 한다. 그런 곳을 만들어가는 일에 함께하고자 한다. 그게 이유다. "함께 행복하게 살자"는 절박한 소리, "우리 모두는 똑같잖아"라는 항변의 소리, "우리 여기 있어"라는 존재를 알리는 소리, 그리고 가장 중요한 "그게 나야"라는 자랑스러운 목소리를 들었기 때문이다.

2 천 개의
목소리

핫라인이 열리다[1]

띵동의 모든 활동가는 청소년 성소수자를 만난다. 띵동의 불문율이다. 그래서 위기지원, 거리이동상담, 교육, 지역 연대와 정책, 회계, 후원자 관리와 모금, 홍보 등 서로 다른 업무를 담당하더라도 상임활동가는 반드시 상담을 진행한다. 핫라인상담으로 청소년 성소수자와 관계를 맺는 것이 띵동의 주요 활동이기 때문이다.

2015년 2월부터 본격적인 상담을 시작해 2019년 현재까지 매주 화요일부터 토요일, 11시부터 21시까지 열려 있는 띵동은 4년을 꼬박 채우는 동안 1천 건을 웃도는 상담을 진행했다. 2014년 중·하반기부터 몇 개월간 동인련 사무실 한쪽에 책상 하나를 빌려 쓸 때는 할 수 없던, 구글과 아름다운재단의 지원으로 마련한 공간 덕분에 가능한 일이었다. 그곳에서 띵동은 전화건 카카오톡이건 방문상담이건 어떤 방식으로든 도움이 필요한 청소년과 천 번을 만났다.

---

1 2장은 띵동에 근무했거나 근무하고 있는 상임활동가의 1인칭 시점으로 재구성한 것이다.

첫해인 2015년 초반엔 3명의 상임활동가가 띵동의 실무를 담당
했다. 개인상담보다 워크숍이 더 많았고 생활상담[2]과 심리상담, 다양
한 프로그램과 위기지원 및 연계 시 부족한 걸 채우느라 바빴다. 그
시절엔 띵동이 어떤 곳인지 알지 못하는 사람들, 특히 청소년 성소
수자에게 띵동을 알리는 게 중요했다. 도움이 필요한 청소년 성소수
자가 어디에 있는지 알 수 없어서 그저 백방으로 뛰어다니며 애타게
외쳤다. 당신이 거기 있는 걸 안다고, 우리가 여기 있으니 언제든 찾
아오라고, 당신을 기다린다고. 어떤 청소년과 만나게 될지 알 수 없
어 불안했지만 그마저도 기쁘게 수용했다. 도전과 실험을 두려워하
지 않으려고 부단히 노력했다. 거리이동상담과 열려 있는 사무실, 온
라인 노출에도 주저함이 없었다. 어쩌면 감당하기 어려운 누군가를
만나는 게 목적이었는지도 모른다. 감당하기 어려운 건 '그 사람'이
아니라 그 사람을 둘러싼 상황이라고 믿고 있었기에 존재를 두려워
하지 않았다. 어쩔 수 없이 걸어 잠근 청소년 성소수자의 마음 빗장이
띵동 문턱을 넘어서며 열리기를, 옴짝달싹 못하게 옥죄는 자책이 느
슨해지기를 바랐다. 자신을 둘러싼 혐오를 질 나쁜 소문 털어내듯 걷
어내고 한낮에도 어둔 일상을 밝히면 좋겠다고 생각했다. 간절한 호출
때문이었을까, 2015년 띵동은 79건의 방문상담과 61건의 전화상담,
66건의 카카오톡 상담, 출장 등 기타 상담 16건을 진행했다.

　　언론 보도로 띵동을 접하거나 누군가의 블로그를 보고 찾아온

2　심리상담과 달리 청소년이 현재 겪고 있는 적응발달상의 문제를 돕기 위해서 진행된다. 주로 정
　보, 조언, 의사결정의 문제를 다룬다.

이들을 보며 알 수 있었다. 그들이 띵동 같은 곳을 언제나 기다려왔다는 것을. 단 한 번도 일어나지 않은 희망에 반가워서 한달음에 띵동의 문턱을 넘어섰음을 직감했다. 늘 꿈꿔온, 자신을 위해 언제든 열려 있는 장소에 드디어 당도한 이들은 상임활동가들을 고무시켰다.

그럼에도 장벽에 부딪혔다. 개소 준비로 연계기관을 찾아다니면서 가혹하고 암담한 현실과 마주했다. 띵동을 구상하고 모금을 진행할 때까지 거리이동상담으로 청소년 성소수자를 만나 필요한 자원을 지원할 계획이었으나, 비성소수자 청소년을 만나는 여타 거리이동상담 기관과 달리 띵동에겐 심리상담을 연계할 안전한 기관이 극소수였다. 유감스럽게도 띵동포차와 띵동식당[3]으로 만난 청소년 성소수자를 상담복지센터나 1388 청소년상담센터에 연계하기 어려웠다. '모든' 청소년에게 열린 심리상담 서비스라는 건 존재하지 않았다. 성별이분법[?]에 근거한 이성애 중심의 쉼터와 다르지 않은 상황이 답답했다. "아직 청소년이니까 치료를 받는 게 좋겠다"거나 "동성애라는 주제로 상담을 받고 나서 동성애자로 살지 말지 결정하라"

---

3 〈토요일 토요일은 밥 먹자 띵동식당〉은 청소년 성소수자들을 초대해 식사를 나누는 밥상 모임이다. 띵동 활동가 혹은 띵동과 청소년 성소수자 인권을 지지하는 셰프가 정성을 담아 맛난 요리를 대접한다. 식사 후엔 보드게임, 영화 감상, 인권교육, 산책 등 회차마다 다양한 놀이와 프로그램을 진행한다. 2015년부터 2017년까지 총 74회의 띵동식당을 개최했고, 106명의 셰프와 495명의 청소년 성소수자가 참여했다. 띵동식당을 운영하며 청소년 성소수자들의 법률과 인권 정보에 대한 욕구, 서울 외 지역 청소년들의 모임 공간 필요성을 파악하기도 했다. 2018년엔 띵동식당 운영을 줄이고 법률·인권 교육을 제공하는 〈띵동식당: 법률 편〉을 별도로 운영했다. 또한 전주, 대구, 광주, 제주 등 서울 외 지역을 직접 찾아가 운영하는 〈띵동식당: 전국 편〉을 진행해 더 많은 곳에서 다양한 청소년 성소수자들을 만났다.

띵동의 상임활동가들

는 등 성별정체성과 성적지향에 대한 이해가 없는, 자신의 불편감이나 양가감정을 내담자에게 투사해 극단적으로는 전환치료의 주체로 등장하는 상담자를 믿기 어려웠다. 내밀한 순간을 들여다봐야 하는 상담실이 안전하지 않을 수도 있었다. 상황을 더 무겁게 만든 건 띵동을 찾는 청소년 성소수자의 높은 상담 욕구였다.

답은 하나였다. 안전한 상담자 혹은 상담기관을 찾을 때까지 띵동이 더 많이 공부하고 연구해 빈틈을 메우는 수밖에 없었다. 청소년 성소수자에게 안전한 공간을 제공하려고 띵동을 구상할 때와 같은 마음이었다. 어떻게 해야 띵동이 더 안전해질지, 어떤 방식으로 청소년을 도울 수 있을지 고민하고 좌충우돌하며 2015년 1년 동안 상담시스템을 점검했다. 그나마 연계 가능한 상담소, 전문가 집단에 자문을 구하고 생활상담이 아닌 심리상담 영역을 구별, 구분하고 부족한 것을 있는 힘껏 채웠다.

정비된 상담시스템의 시작은 역시 카카오톡(이하 '카톡')이었다. 인권 행사 부스든 퀴어문화축제든 띵동식당, 띵동포차를 비롯한 어디서든 청소년 성소수자와 만난 띵동 상임활동가가 가장 먼저 하는 말이 "카톡 등록했어요?"였다. 전화보다 심리 장벽이 낮은 카카오톡은 지속적으로 띵동 소식을 받아 볼 수 있고 쉽게 도움을 요청할 수 있는 기본 연결망이었다. 청소년 성소수자에겐 어쩌면 비상연락망이 될 수도 있을 터라 부지런히 권유했다. 퀴어문화축제에선 아이스크림을 주며 등록을 유도했다. 어르고 달래서 겨우 등록시킨 청소년들은 신기하게도 말을 걸어왔으며 이내 상담으로 이어졌다. "저 고민 있어요"라면서 속내를 털어놓곤 했다. 하지만 카톡 상담은 그다지 효율적이진 않았다. 글은 말과 달라서 스스로를 검열하고 포장하기 쉬웠다. 태어나서 처음으로 숨겨둔 이야기를 발화하기엔 적당치 않은 통로였다. 어떤 상태로 이야기하는지 알 수 없어 적절한 지원이 어려운 순간이 많았다. 그래서 카톡을 상담 예약 창구로 사용하기로 결정했다. 기록이 남지 않는 전화와 달리 카톡은 상담이 어떻게 진행되고 있는지 내담자 스스로 확인할 수 있어 청소년이 주체적으로 자기 일정을 관리할 수 있는 도구이기도 했다.

그렇게 정비된 카톡으로 상담을 예약할 때 서울과 수도권 지역 청소년 성소수자라면 방문상담을 먼저 권한다. 만약 부담스럽거나 지역에 거주해서 찾아오기 힘든 경우라면 전화상담을 진행한다. 정해진 시간에 50분 동안 상담하는 것이 기본이지만 담당 상임활동가 재량에 맞춰 상담을 운용하는 구조다.

현재 띵동은 여섯 명의 상임활동가가 두 개의 큰 줄기 사업인 상담과 지원을 진행한다. 생활상담과 띵동식당, 띵동포차를 포함한 다양한 프로그램이 '상담'에 속한다면 '지원'에는 띵동의 침대, 샤워실, 세탁기, 와이파이 사용과 휴대폰 충전, 간식 섭취와 식사까지도 가능한 띵동 공간 이용, 속옷, 양말, 생리대, 콘돔, 기본 상비약 등을 제공받는 생활물품지원, 병원 치료가 필요할 때 협력 병원 동행 치료를 진행하는 의료지원, 자해, 자살, 우울 등과 관련된 정신건강 서비스를 위해 외부 상담기관과 연계해주는 심리상담지원, 쉼터 연계를 포함한 주거지원과 법률지원이 해당된다. 2015년에 비해 2016년엔 방문상담이 142건, 전화상담이 97건으로 급격히 증가했다. 2017년엔 142건의 방문상담, 126건의 전화상담, 2018년엔 152건의 방문상담과 160건의 전화상담이 이루어져 여전한 증가 추세다. 단회기로 끝나는 경우도 있지만 다회기 상담도 상당하다. 내담자가 가져오는 이슈는 자살 위기, 자해, 질병, HIV, 약물, 정신건강, 성매매, 사이버범죄, 증오범죄[4], 전환치료, 아우팅?, 성정체성 고민, 성별 트랜지션?, 가정 내 폭력, 탈가정, 빈곤, 또래 간 폭력, 연애 문제, 대인관계, 교사와의 갈등 등 광범위하다. 하나의 문제가 특출하게 불거질 뿐 동반한 다수의 다른 이슈가 맞물려 뒤엉켜 있는 경우가 빈번하다. 사례와 마주하기 괴로워 무릎이 꺾일 때도 있다. 그래서 한 사람이 하루에 3사례 이상 상담하는 것을 지양한다. 상임활동가에 맞춰 사례가 배분되고 그 사례를 관리하긴 하지만 혼자 책임지지 않도록 서로를 확인한다. 내부에서 2주에 한 번씩 진행하는 상담사례 회의나 외부 전문가와 함께하는 수퍼비전이 중요한 이유다.

버거운 사례의 연속임에도 띵동의 상임활동가들은 '아무것도 하지 않기'를 유일한 무기로 거머쥔 채 숨이 콱 막히는 일상을 버티다 토해낸 청소년의 말에 안도한다. 질식해 죽지 않고 스스로를 살린 내담자가 매번 고맙다. 물론 전문상담기관처럼 상담 목표와 회기

---

4 장애, 인종, 종교, 성적지향, 성별, 성별정체성 등에 근거한 적대 또는 편견이 동기가 된 범죄를 뜻한다. 증오범죄가 발생하면 그 집단 구성원들이 집단적으로 "나도 대상이 될 수 있다"는 공포에 사로잡히게 된다.(홍성수, 『말이 칼이 될 때: 혐오표현은 무엇이고 왜 문제인가?』, 어크로스, 2018, 제5장)

가 정해지지 않을 때가 많고 마음 내키는 대로 연결되는 경우도 빈번해 지속상담을 장담하긴 어렵다. 호소 문제가 나아지거나 다른 상황에 몰입하게 될 때 느닷없이 일방적으로 종결하는 경우도 종종 있다. 하지만 개의치 않는다. 매주 오던 내담자가 어느 날 오지 않거나 연락이 안 되면 잘 지내기를 바라며 담담하게 이별할 뿐이다. 급작스러운 작별로 스산한 마음을 잘 갈무리하고 또 다른 내담자를 만난다. 첫 내담자와 첫 상담을 진행했던 그날을 떠올리며, 문을 열고 들어설 내담자가 업고 올 거대하고 아름다운 세계를 기다린다.

띵동 상담 가이드라인 ❶

Q. 위클래스[5] 상담자입니다. 처음으로 청소년 성소수자를 만났습니다. 상담하기 위해 무엇을 준비해야 할까요?

A. 가장 먼저 상담자 자신이 서 있는 토대를 인식합니다. 상담자의 성별정체성과 성적지향을 확인하고, 자신의 성별이분법에 근거한 이성애주의? 사유를 점검합니다. 성별이분법에 근거한 이성애주의와 성차별주의? 환경을 얼마만큼 자연스럽게 생각하는지를 투명하고 솔직하게 들여다봅니다. 만약 이런 단어조차 모른다면 먼저 '띵동'에 연락해 청소년 성소수자에게 도움을 줄 수 있는 상담이 무엇인지 도움을 청하십시오. 단어를 모른다고 상담을 못하느냐고 묻는다면 "네, 그렇습니다!" 이 단어를 모른다는 것은 그만큼 성소수자에 관심을 두지 않았다는 이야기이며 성별이분법에 근거한 이성애주의와 성차별이 표준인 이 세상에서 성소수자, 특히 청소년 성소수자가 얼마나 힘든지 생각조차 안 했다는 이야기니까요. 혹시 성별이분법, 이성애주의, 성차별은 당연한 거 아닌가, 이런 걸 왜 점검하는지 모르겠다고 생각한다면 청소년 성소수자 상담을 하지 않으시기를 권합니다.

이제부터 공부하면 되지 않겠느냐고 항변하실 수 있습니다. 그렇

---

5 위클래스(We class)는 학교생활에 적응하지 못하는 학생들에게 별도의 프로그램을 제공해 주는 제도로 '학교안전망구축사업(Wee project)'의 1차 안전망이며, 단위 학교 내에 있다.

다면 정말 치열하게 공부하시기를 바랍니다. 성소수자 커뮤니티의 역사를 담은 책과 영상, 끊임없이 변화하는 성소수자들이 구사하는 언어, 그 언어를 긍정적이고 지지적인 방식으로 사용하기 위해 어떤 맥락화가 필요한지, 성소수자의 자긍심은 어떤 의미인지, 현재 성소수자 커뮤니티의 이슈는 무엇인지 함께 살펴보고 깊이 고민하십시오. 그리고 내담자의 이야기를 판단하지 말고 편견 없이 들어주십시오. 성소수자 상담은 '전문' 영역입니다. '청소년상담' 역시 마찬가지입니다. 스스로를 돌아보지 않고 상담을 시작한다면 도움을 줄 수 없음을 잊지 마시고 반드시 '띵동'에 연락해서 자문을 받으십시오.

그냥 거기, 있어만 주세요

문을 열고 들어서던 깡마른 하준(가명)이 쓰러졌다. 반가운 마음에 인사를 하려던 나는 급히 그에게로 달려갔다. 그의 몸을 감싸던 알 수 없는 냄새에 덜컥 겁이 나서 어쩔 줄 몰랐다. 함께 있던 상임활동가 두 명도 마찬가지였다. 띵동이 본격적으로 활동을 시작한 지 얼마 안 된 시절이라 더 당혹스러웠다. 솔직히 무서웠다. 어떻게 여기까지 온 거지, 119에 전화해서 병원으로 옮겨야 하나, 가는 동안 잘못되면 어떡하지… 생각이 엉키고 심장은 마구 뛰었다. 겨우 정신을 차리고 거리이동상담 자문을 받던 엑시트 활동가에게 전화를 걸어 도움을 청했다. 조언에 따라 문을 열어 환기를 시키고 편안한 자세로 호흡할 수 있도록 도우니 얼마 지나지 않아 하준이 정신을 차렸다. 완전히 회복된 건 아니기에 눈의 초점이 흐린 듯했다. 등 너머로 시선을 둔 그를 바라보며 마음이 아팠다. 겨울에서 봄으로 넘어가는 환절기, 창으로 들어온 찬 바람에 눈물인 양 얼굴로 흘러내리던 땀이 싸늘하게 식었다.

열아홉 살의 지정성별? 남성 게이인 하준은 얼마 전부터 띵동에
들러 이야기를 나누곤 했다. 중학교 때부터 우울증으로 정신과 치료
경험이 있던 그는 고등학교 1학년 때 성소수자 커뮤니티 내 불화로
우울증이 깊어졌다. 그 뒤로 학교를 그만두고 집을 나와 지내다가 가
출팸[6]을 알게 되었고 불안전한 생활에 노출됐다. 띵동과 상담할 즈
음엔 단기 아르바이트를 하며 이전과는 다르게 지낸다고 했다. 연애
에 대한 불안이 주 상담 이슈였으며 쉽게 마음을 주고 상처를 받는
하준이 술에 의존하는 게 걱정되긴 했지만 몸을 가누지 못할 정도
로 위급한 상황을 예상하진 못했다. 우리가 할 수 있는 건 심리상담
과 건강검진 권유뿐이었다. 귀가를 도우며 "오늘처럼 많이 힘들 땐
반드시 띵동으로 연락해달라"고 당부했다. 위험한 행동에 옮기기 전
에 꼭 연락하라고 부탁했다. 이후로 하준을 만나진 못했다. 몇 차례
전화상담을 통해 "이젠 위험한 행동은 하지 않는다. 잘 지내고 있다"
는 말만 전해 받았다. 언제나처럼 소소한 연애 이야기를 나누고 다음
에 다시 통화하자고 인사하던 날을 끝으로 상담은 종결됐다. 더 적극
적으로 수용해야 했나 고민했지만 일부러 연락을 끊은 그와 만날 방
법은 없었다. 다만 처음 만났을 때보다 안정된 상태의 하준에 안도했
다. 단 한 번의 안정감, 자신을 걱정하고 궁금해하는 누군가가 있다

---

6   가출팸은 가출과 fam(family의 약자)의 합성어로, '청소년이 가출을 하기 전이나 후에 가출 관
    련 카페나 실시간 채팅, 그리고 가출 청소년이 밀집한 지역에서의 만남을 통해 가족(팸)을 구성
    한 후 원룸, 모텔 등과 같은 주거 시설에서 생활하는 것'으로 정의할 수 있다.(「가출팸 실태 조
    사 및 정책과제 발굴 결과 보고서」, 여성가족부, 2012)

는 사실만으로 스스로 지탱할 약간의 힘을 얻었기 바랐다.

알고 있었다. 정확히는 알고 있다고 생각했다. 이미 지나온 '청소년 성소수자'의 길이라서 알 수 있다고 속단했다. 청소년 시기에 게이로 정체화한 당사자라서 청소년 성소수자의 언어를 잘 들을 거라고 내심 자부했다. 하지만 청소년 성문화센터 근무 경력으로 좀 더 능숙하게 청소년과 만나리라는 기대는 띵동 내담자를 본격적으로 만나면서 사라졌다. 그들과 나는 다른 듯 닮았고 닮은 듯 달랐다. 내가 겪은 과거는 개인의 경험이며 여러 결의 다양한 양상 중 하나일 뿐이었다. 그렇게 청소년 성소수자와 만난 4년여는 기존의 사건, 현상을 다르게 바라보며 해석할 기회를 제공했고 그로 인해 나는 스스로를 새롭게 정체화하는 계기를 맞기도 했다. 위기지원센터라는 기관의 정체성 때문이었다.

경험의 밀도가 높은 내담자와 맞닥뜨리는 경우가 많은 띵동의 위기 0순위는 자신을 해치는 자해와 자살, 타인을 해치는 행위를 포함한 일반적인 위기 상황과 성소수자 영역의 아우팅까지를 더한다. 이런 경우엔 바로 개입해서 상담을 진행하고 안전을 확보한다. 10대는 물론이고 상황에 따라 법정청소년인 24세까지 범위를 확장한다. 사건지원부터 심리지원까지 전방위로 적극적인 돌봄을 담당한다. 이처럼 누가 봐도 위기라고 해석할 만한 순간 외에도 물리·정서 폭력은 아니지만 지속된 가정 내 무시와 방임, 학교 내 차별과 폭력도 위기로 인식한다. 성별정체성과 성적지향 정체화에 따른 다양한 고민, 커밍아웃을 어떻게 해야 할지도 때에 따라선 위기로 정의된다. 두드러진 외부 사건이 없는 고요한 상황일지라도 켜켜이 배제와 소외를 경험하고 있을지 알 수 없으므로, 서서히 쇠약해져서 스스로를 배척하는 자기 자신을 허용할지도 모르기 때문이다. 조건을 내걸어 수용하는 사회에서 혹시라도 낙오될까 봐 불안한 청소년은 환경 그 자체가 위기의 조건이다. 굳이 어떤 사건이 일어나지 않아도 위험한 일상. 그래서 띵동은 웬만해선 조건의 문턱을 두지 않는다. 위기 상황에선 작은 돌 하나도 태산처럼 느껴지는 걸 모르지 않기 때문이다. 검색 흔적을 걱정하다 혹은 어떻게 검색해야 될지 몰라 "퀴어문화축제 언제 해요?"라고 묻는 전화도, 청소년 성소수자 다산콜센터라는 띵동의 재밌는 닉네임도 반갑다. 마음 놓고 무엇이라도 이야기해야 위기를 지원할 자리를 내어줄 것이기에 최선을 다해 듣는다.

소현(가명)은 서울·수도권이 아닌 전라도에 거주하는 열아홉 살의 지정성별 여성 레즈비언이었다. 띵동에 방문할 수 없는 지역에 살고 있어서 전화상담만 1년여 진행한 소현의 주 호소는 가정폭력이었다. 어머니를 비롯한 친인척 모두 신실한 종교인이어서 소현의 정체성을 핑계로 온갖 폭력을 시도했다. 열 번 중 아홉 번을 울던 소현과 통화를 끝낼 때마다 끌어 쓸 자원이 있는지 백방으로 알아봤다. 그때만 해도 청소년 성소수자들이 경험하는 아동학대에 대한 인식이 열악했기 때문에 가정폭력을 신고하기도 쉽지 않았다. 게다가 소현은 때리는 어머니를 무섭고 싫다고 말하면서도 그녀와 떨어지는 걸 불안해했다. 이렇게도 저렇게도 할 수 없는 상황에 내담자는 쇠약해졌다. 나는 자칫 자책과 비난으로 소현이 스스로를 고립시킬까 겁이 났다. 변하지 않는 상황에 연락을 끊을까 봐 걱정했다. 지역에도 띵동이 있었더라면 얼마나 좋을까 생각했지만 별 수 없었다. 그 상황에서 할 수 있는 건 섧게 우는 전화선 너머 내담자를 다독이며 안전한 방법을 나누는 것뿐이었다. 폭언과 폭력 상황에서 안전하게 대응하는 방법을 수도 없이 나누며 현실에 매몰되지 않도록 도왔다. 어려운 상황을 벗어나려고 노력하는 소현의 용기에 대해 이야기를 나누다가 하고 싶은 것이 무엇인지 묻곤 했다. 얼마 지나지 않아 다시 폭력뿐인 현실로 돌아갈 테지만 무기력한 상태가 아닌 스스로를 보호할 수 있는 소현으로 존재할 수 있도록 응원과 지지를 아끼지 않았다. 있는 그대로의 소현이 얼마나 소중한지를 통화할 때마다 이야기했고 매번 조금씩 나아지고 있음을 알아차릴 수 있도록 도왔다. 그렇게 1년이 지나고 어느 날 소현이 말했다. "이제 혼자 살 수 있을 것 같아요." 일과 공부를 목적으로 해외로 나가고 싶다던 소현은 출국 준비를 할 즈음 상담을 종료했다. 2017년의 봄이었다.

그러고는 잊고 지냈다. 다른 내담자들과 만나느라 바빴다. 그리고 이듬해 봄, 소현의 전화를 받았다. 잘 다녀왔다면서 지역 퀴어문화축제 때 부스로 찾아가겠다는 반가운 소식을 전했다. 흔쾌히 기다리겠다고 얘기했지만 사실 나도 소현도 서로의 목소리밖에 몰랐다. 한 번도 만난 적 없던, 요즘 말로 랜선 상담자와 랜선 내담자였으니까. 그래도 우리는 서로를 알아보았다. 정확히는 소현이 나의 목소리를 알아챘다. 눈물이 그렁그렁한 생면부지의 사람이 "목소리 들으니 맞아요"라며 울먹거리더니 이내 펑펑 울기 시작했다. 이제는 가족에게서 해방되었다는 소현의 목소리에 나도 해방감을 느꼈다. 억눌린 말과 박탈된 자리를 되찾는 퀴어문화축제 한복판에서 가슴 벅찬 자유가 흘러들었다.

　　돌아보면 '띵동'이라는 곳이 존재한다는 사실만으로도 괜찮아지는 내담자들을 만났다. 자신의 성별정체성과 성적지향을 이해하고 지지하는 사람이 '항상' '그곳'에 있다는 게 내담자들의 뒷심이었다. 어쩌면 한 번도 찾지 않을 텐데 '아, 띵동이 있었지'라는 환기만으로 든든한 마음이라고 했다. 자신을 위한 곳은 어디도 없을 거라고, 그건 불가능한 일이라고 낙담하면서도 어딘가 있으면 좋겠다던 마음이 드디어 답을 얻은 까닭이었다. 불가능의 가능성을 확인하며 힘을 얻은 그들은 띵동을 마지막 보루처럼 묻어놓고 막다른 순간마다 확인했다. 그래서 더 열심히 들으려고 노력했다. 혹시라도 내담자들의 마음을 놓칠세라 온 감각을 열어놓고 온몸으로 경청했다. 그들의 단어를 듣는 것은 그들의 세계를 듣는 것이므로 매 순간이 소중했다.

띵동 상담 가이드라인 ❷

Q. 중학교 상담교사입니다. 두 달 전부터 3학년 A와 가정폭력 문제로 상담을 진행하고 있습니다. 7회기 정도 만나 양가적인 부모의 태도를 이야기하다 갑자기 자신이 양성애자? 같다고 말했어요. 그때부터 상담을 어떻게 해야 할지 모르겠어요. "양성애자인 것 같다"면서 확실하게 얘기하지 않은 것을 커밍아웃으로 받아들여야 할까요? 솔직히 부모님의 상황이 A를 양성애자로 정체화하게 만든 건 아닐까 생각하는데 이 부분을 어떻게 나눠야 할까요?

A. 가정폭력에 대해 상담을 진행하던 7회기 동안엔 괜찮았는데 양성애자 언급 후 상담이 어려워지셨다면, 선생님이 지닌 양성애자를 포함한 성소수자 상담에 대한 이해가 어느 정도인지 살펴보셔야 합니다. 성소수자는 무엇 '때문에' 만들어지는 정체성이 아닙니다. 어떤 이유, 상황에서도 가능합니다. 한마디로 원인은 중요하지 않습니다. 누구나 자신의 성별정체성과 성적지향을 자유로이 탐색할 수 있고 정체화할 수 있으니까요. 그것이 전제되어야 A의 "양성애자인 것 같다"는 애매모호한 말을 커밍아웃으로 이해할 수 있습니다. '그런 것 같다'고 말하는 것은 A가 스스로를 확신하지 못하기 때문이라기보다 양성애자인 자신이 비난받고 부정당할 순간을 위한 방어일지도 모릅니다. 공감 받지 못

할까 봐 불안하기에 선택한 자신만의 안전 전략일 수도 있어요. 이 상황에서 부모님 때문에 네가 양성애자가 된 것 같다, 양성애자로 혼란스러운 게 아니냐 라고 말한다면 A는 마음의 문을 닫을 것입니다. '왜', '무엇 때문에'보다는 '그래서 어떻게'에 초점을 맞춘 상담이어야 합니다.

마지막으로 A는 선생님이 알던 그 사람과 별로 다르지 않습니다. 단지 양성애자인 부분 또한 알게 된 것입니다. 이것으로 A와의 상담을 입체적으로 이끌 수 있는 계기가 찾아왔다고 생각하시면 됩니다. 커밍아웃은 신뢰를 쌓기 위해 A가 용기를 낸 방증이니 선생님 또한 신뢰로 응답하시길 바랍니다.

틀어박히거나, 내던져지거나

2017년 6월부터 띵동 상임활동가로 일했으니 벌써 꽉 찬 2년이다. 공익변호사로 활동하려는 사람에게 2년 동안 월급을 지원하고 공익 활동이 가능하도록 돕는 '공익변호사자립지원사업'에 선정돼 오랫동안 갈망했던 기회를 잡았다. 변호사가 되어야겠다고 생각한 시점부터 성소수자 인권활동에 관심을 두던 터라 뛸 듯이 기뻤다. 어느 단체에서 일할지 고민할 때 공익인권변호사모임 '희망을 만드는 법'이나 공익인권법재단 '공감'의 사후지원 혹은 자문을 받는 비청소년 중심의 성소수자 단체와 달리, 빠른 지원 때문에 상근 인력이 필요한 대상을 떠올렸다. '미성년'이라는 제약 때문에 능동적이고 자발적인 선택을 보장받기 어려운 청소년 성소수자가 마음에 담겼다. 보호와 감시 기능을 가진 청소년보호법에서조차 밀려나기 십상인 그들과 함께하고 싶었다. 그래서 띵동을 선택했다. 일하고 싶어서 월급을 짊어지고 들어왔다. 인권단체 활동가 경험이 전혀 없는데 제대로 수행할 수 있을까 걱정됐지만 부딪쳐보는 수밖에 방법이 없었다.

"호르몬을 할 수 있을까요?"

태영(가명)의 경우 시도 때도 없이 전화를 해서 '지금 죽어가는 게 아닐까' 걱정할 만한 목소리로 상담을 요청했다. 열일곱 살의 트랜스여성* 청소년인 태영은 심한 성별위화감*으로 극도의 불안에 휩싸여 있었다. 무엇보다 성장하는 것이 두려워 몸에 마비가 올 지경이었다. 갑작스러운 마비에 혼비백산해 병원 응급실을 찾았지만 아무리 검사를 해도 어떤 이상도 발견되지 않았다. 꾀병인 양 받아들일 뿐 누구도 태영의 고통스러운 상황을 이해하려 들지 않았다. 잦은 방문에 의사조차도 싸늘한 태도를 보일 정도였다. 부모도 병원도 태영의 성별정체성과 성별위화감을 고민하지 않았다. 학교를 갈 수도 없어 중학교를 자퇴하고 집 안에서만 지내는 태영의 일상은 멈췄다. 움직이면 근육이 발달할까 봐 아무것도 하지 못한 채 누워서 지냈고, 턱이 발달하는 게 두려워서 식단을 제한했다. 남성으로 보일 만한 성장을 멈추려는 몸부림이었다. 그러다 정말 죽을 것 같아서 띵동을 찾은 태영의 전화를 받고 마음이 급해졌다. 마음을 따라 몸이 무너지고 있는 태영을 이대로 놔둘 수 없었다. 전화로 태영을 지지하고 응원하는 데는 한계가 있었다. 그래서 찾아가기로 결심했으나 그마저도 쉽지 않았다.

"오면 저 잡아가는 거 아니에요? 어딘가로 실어가는 거 아니에요?"

방법은 출장상담 뿐이었다. 대개 카톡으로 상담 예약을 잡고 전화나 방문상담을 진행하지만, 위기 상황에 압도되어 구조화가 어려운 내담자는 출장상담을 하여 직접 방문해 상황을 살펴본다. 그러나 태영은 우리를 경계했고 출장상담을 거절했다. 자신을 수용하고 도움을 주는 사람이 절실한데 막상 그것을 찾으니 도망가버리는 태영이 안타까웠다. 자신의 말을 믿지 않고 이상한 사람으로 재단해서 어디론가 데려가 격리시키려는 세상. 그게 태영이 살고 있는 바깥세계였다. 그 불신을 뚫고 띵동을 찾은 것은 굉장한 용기였다. 이렇게 살 수 없다는 간절한 신호나 다름없었다. 세상은 태영을 다그쳤다. 여자인지 남자인지 상관없다, 너는 그냥 살아갈 자신이 없어서 성별위화감 뒤로 숨는 거다, 그렇게 안 먹고 움직이지 않으니까 그 모양인 거다…. 나약한 정신을 탓하며 낙오자라고 손가락질하는 바깥과 싸울 힘이 없는 태영을 깊이 이해했다. 그것은 고스란히 트랜스젠더라는 정체성 비난으로 바뀌었을 테고 2차 성징으로 두드러지는 남성의 특질을 견딜 수 없었을 것이다. 태영의 성별정체성을 이해하지 않고선 절대로 풀어낼 수 없는 수수께끼라는 걸 보호자도 전문가도 알아채지 못했다. 어쩌면 외면했는지도 모른다. 아직 어리고 아무것도 모르는 청소년이기 때문에 가능한 대우였다. 어떻게든 닿아야 했다. 네가 마주하고 있는 세계가 위험하지 않다는 걸 적극적으로 보여주고 안심시켜야 했다. 겨우 동의를 얻고 띵동의 다른 상임활동가와 2인 1조로 내담자가 거주하는 경기도로 향했다. 불신에 찬 태영은 집 앞 공원에서 만나, 내 가방의 무지개 굿즈를 보고 나서야 안심했다. 안도하는 그의 모습에 내 마음까지 수긋해졌다. 볼 수 없어 애타던 마음은 태영을 앞에 두고서야 다음 단계로 나아갈 힘을 얻었다.

이후 우여곡절은 많았지만 태영은 지금까지 띵동과 연락을 주고받는다. 띵동을 찾아올 만큼은 아니지만 스스로 힘을 내서 병원을 다니고 우울증 약을 처방받아 조금씩 일상을 회복 중이다. 당장 트랜지션을 하지 못하는 상황을 수용하도록 돕고 태영의 성별위화감을 온전히 이해하려고 노력했다. 그리고 현재에 매몰되지 않도록 끊임없이 말을 걸었다. 어쩔 수 없는 낙담을 비난하지 않고 공감하면서도 다른 비전을 가질 수 있도록 환기시켰다. 불신과 버무려진 혐오와 수치심의 시간이 신뢰로 발효될 즈음 태영은 중학교 검정고시를 치렀다. 다른 미래를 꿈꾸기 시작했다.

수용과 공감은 쉽지 않은 영역이다. 자신의 위치를 제대로 알아야 하고 다양성을 공부하며 타인에게 관심을 가지고 있어야 그나마 흉내라도 내볼 수 있다. 제도와 표준은 소위 정상에 해당하는 범위에선 작동하겠지만 배제된 집단과 사람에게는 오작동하거나 꺼져버린다. 존재 자체로 낙인을 찍어놓은 대상에겐 수용과 공감은커녕 정당하고 합당한 절차조차 허락하지 않는다. 거리청소년지원센터에서 연계 받은 탈가정 거리청소년 경리(가명)의 상황이 정확히 그것에 부합했다.

열세 살부터 소년원 입소 경험을 한 경리는 보호관찰 기간 동안 거듭된 준수사항 위반으로 소년원을 반복해 오갔다. 1년여 전 다시 보호관찰 규정을 위반한 그는, 입소 상황을 모면하려고 도피 생활을 시작했지만 결국 자수를 결심했다. 도움을 얻기 위해 거리청소년지원센터를 찾은 경리가 성소수자이기도 해서 띵동은 법률자문을 지원했다.

나는 그가 왜 보호관찰 규정을 위반할 수밖에 없었는지, 탈가정 청소년 성소수자가 무엇이 힘든지에 초점을 두고 변호 글을 작성했다. 그 과정에서 여러 이야기들이 오갔고 자연스럽게 그가 열세 살 때부터 경험한 경찰과 소년원의 차별행위[7]를 알게 됐다. 성소수자이기에 겪을 수밖에 없던 차별은 심각한 수준이었다. 과거의 차별행위를 차치한다고 해도, 현재의 상황을 이끈, 보호관찰 처분을 받기 전의 죄명인 공무집행방해 또한 차별행위에서 비롯됐다는 사실에 나는 분노했다. 머리가 짧은 경리의 소란을 제지하는 과정에서 남성 경찰 두 명이 느닷없이 몸수색을 시작했고 "나는 여자라고!"라며 소리지르는 경리를 무시한 채 서로 "여자라는데?" 하며 모멸감을 준 것이 시초였다. 그들의 행위에 저항하던 경리가 경찰을 발로 찼고 그 상황이 공무집행방해가 되어 보호관찰처분에 이르게 된 것이다. 소년원에 갈 이유가 전혀 없는데도 괘씸죄에 걸린 경리는 법정에 섰다.

보이는 대로 성별을 판단하고 소년원 출신이라는 낙인으로 시민을 함부로 대한 건 경찰이었다. 멸시와 폭력에 맞선 경리의 정당방

---

7 「국가인권위원회법」 제2조 3항은 "평등권 침해의 차별행위"를 다음과 같이 정의하고 있다. "합리적인 이유 없이 성별, 종교, 장애, 나이, 사회적 신분, 출신 지역(출생지, 등록기준지, 성년이 되기 전의 주된 거주지 등을 말한다), 출신 국가, 출신 민족, 용모 등 신체 조건, 기혼·미혼·별거·이혼·사별·재혼·사실혼 등 혼인 여부, 임신 또는 출산, 가족 형태 또는 가족상황, 인종, 피부색, 사상 또는 정치적 의견, 형의 효력이 실효된 전과, 성적 지향, 학력, 병력 등을 이유로 한 다음 각 목의 어느 하나에 해당하는 행위를 말한다. 다만, 현존하는 차별을 없애기 위하여 특정한 사람(특정한 사람들의 집단을 포함한다. 이하 이 조에서 같다)을 잠정적으로 우대하는 행위와 이를 내용으로 하는 법령의 제정·개정 및 정책의 수립·집행은 평등권 침해의 차별행위로 보지 아니한다."

위는 한순간 공무집행방해로 둔갑해버렸다. 듣고 있는 나조차도 화가 나는데 그의 분노는 당연했다. 경리의 억울함과 서러움이 온전히 전해졌다. 그간 얼마나 속상했을지 가슴이 답답했다. 사실 이미 지난 사건이라 어떻게 해줄 순 없었다. 하지만 다시는 반복되지 않도록 만들 순 있었다. 그래서 간곡히 부탁했다. 겪었던 일, 당시 하고 싶었던 말을 자세히 말해달라고. 최대한 다 써줄 테니까 할 수 있는 한 맘껏 이야기해보라는 내 제안을 그는 조금 의아하게 받아들였다. 이전의 변호사는 "변명하지 말고 무조건 잘못했다고 해야 최대한 낮은 처분을 받는다"고 현실적인 조언을 했다면서 어색해했다. 한 번도 경험하지 못한 반응에 소리 지르듯 말하던 그가 차분하게 제 이야기를 풀어냈다. 누구도 들어주지 않는 성별표현 때문에 받았던 크고 작은 차별과 멸시의 경험을 이해하고 공감하는 사람이 있다는 것만으로도 그는 달라졌다. 일상에서 일어나는 크고 작은 미묘한 차별[8]을 누구도 알 수 없기에 매 순간 억울했고 그래서 화가 났을 그를 떠올리니 마음이 아팠다. 소리를 지르고 난동을 피워야 얘기를 들어줬던 과거가 안쓰러웠다. 내가 할 수 있는 건 온전히 그의 이야기를 들으려고 몸을 기울이는 것뿐이었다. 오류와 왜곡 없이 받아 적으며 궁금해

---

8 미묘한 차별(Microaggressions) 또는 먼지차별은 "의도적이든 의도적이지 않든 간에, 유색인종을 향한 적대적, 경멸적 또는 부정적인 인종적 무시와 모욕을 전달하는, 흔하고 사소한 일상적 언어, 행동 또는 환경적 모욕들"로 정의된다.(Sue, Capodilupo, Torino, Bucceri, Holder, Nadal, Esquilin, 2007, p.271; Sue, 2010) 이러한 정의의 형식과 내용 모두 성소수자 개인, 집단 및 커뮤니티에도 똑같이 적용된다.(미국상담학회(ACA) '레즈비언, 게이, 바이섹슈얼, 트랜스젠더 이슈 상담학회(ALGBTIC)'의 「LGBQQIA 상담역량 가이드라인」)

하니 그가 차분해졌다. 자신을 도와줄 사람이 있고 그 사람과 신뢰가 생겼기에 자기 전략적으로 이야기할 수 있었다.

청소년 성소수자는 누구보다 자신을 잘 알고 있다. 청소년 당사자이고 성소수자 당사자라서다. 자신에 대해 고민하고 또 고민하는 그들은 단언컨대 자신의 전문가다. 쉼터 담당자나 부모와 전화상담을 진행하다 보면 "자기도 불안하니까 성정체성을 고민하는 게 아니냐"는 질문을 받게 된다. 내 생각은 다르다. 그들의 고민은 스스로에 대한 고민이라기보다 있는 그대로를 수용 받지 못하는 경험, 고통에 대한 것이다. 수용의 경험은 청소년 성소수자를 변화시킨다. 자신의 이야기를 마음대로 해도 비난받지 않는 상황에 안도하는 그들의 일상은 이전과 다를 것이라고 나는 확신한다. 띵동을 찾는 청소년 성소수자는 굉장히 다양한 이슈로 상담을 신청하지만, 성별정체성과 성적지향이 수용되는 순간 일상적이고 다양한 고민으로 전환된다. 그제야 자책을 멈추고 화를 낼 수 있다. 비로소 과거의 고통과 현실의 무기력에서 벗어나 미래를 꿈꾸게 된다. 태영과 경리 그리고 무수한 청소년 성소수자와 만나면서 2년 전 나의 결심에 안도한다. 앞으로 더 많은 청소년 성소수자를 만날 띵동을 생각할 때마다 든든한 이유다.

띵동 상담 가이드라인 ❸

Q. 제가 근무하는 쉼터에서 청소년 B가 게이라는 게 알려졌습니다. A와 잘 어울리는 친구가 다른 아이에게 이야기하면서 퍼진 모양인데 그들 사이에서 혐오발언[9]이나 물리적 폭력은 없었다고 해요. 그날 이후 B를 유심히 살펴봤는데 별다른 문제는 없어 보였어요. 그래도 걱정이 되네요. 무리 내에서 공공연한 성소수자로 지내는 게 괜찮은지 물어봐야 될까요? 사실 저도 이제 알게 된 상황이라 게이 청소년을 다른 청소년과 함께 지내게 해도 되는지 걱정입니다.

A. 당사자의 자발적 의사가 없는 모든 상황에서 성별정체성과 성적지향이 외부로 알려지는 건 아우팅입니다. 아우팅은 폭력입니다. 현재 상황을 정확히 표현하자면 B는 아우팅을 당했고 누구도 아우팅의 문제를 인지하지 못한 상황에서 자신을 아우팅한 무리와 함께 생활하고 있습니다. 선생님이 살펴보기에 B가 괜찮아 보인다고 해도 이것은 짚고 넘어가야 할 문제입니다. 우선

---

9 혐오발언(Hate Speech) 또는 혐오표현은 소수자의 고유한 정체성을 부인하고 편견 또는 차별을 확산시키거나 조장하는 행위 또는 어떤 개인, 집단에 대해 그들이 소수자로서의 속성을 가졌다는 이유로 멸시, 모욕, 위협하거나 그들에 대한 차별, 적의, 폭력을 선동하는 표현을 일컫는다. 어떤 표현이 혐오표현인지를 결정하는 것은 그 표현이 특정 사회의 맥락에서 차별을 재생산하고 있는지의 여부다.(홍성수, 『말이 칼이 될 때: 혐오표현은 무엇이고 왜 문제인가?』, 어크로스, 2018)

B에게 직접 이 상황에 대해 무엇을 어떻게 느끼고 있는지 물어보십시오. 어쩌면 B조차도 아우팅이라는 걸 인식하지 못할 수도 있고 그건 자기보호에 취약하다는 걸 의미하기도 합니다. 그런 B라면 더욱더 무리에서 어떻게 지내고 있는지 물어보셔야 합니다. 아우팅과 커밍아웃이 어떻게 다른지 이야기 나누며 스스로를 지키는 게 무엇인지도 나누십시오. 그리고 아우팅 시킨 친구들에게도 아우팅이라는 게 무엇인지, 왜 하면 안 되는지 교육이 필요하다고 얘기하십시오. 친구들과 함께 지내는 게 어떤지, 달리 원하는 게 있는지도 물어봐주세요. 이것은 B를 위한 일일 뿐만 아니라 모두를 위한 일이고 당연한 절차라는 걸 친절하게 설명해주셔야 부담을 가지지 않습니다. 만약 아우팅이라는 건 알지만 친구들과 잘 지내고 싶어서, 별로 문제될 게 없어서 그냥 지나가고 싶다면 전반적인 성교육, 인권교육을 통해 B가 부담을 느끼지 않는 방식으로 다른 구성원이 아우팅을 인지할 수 있도록 도와주십시오. 그리고 B와의 상담 말미에 반드시 어떤 상황이든지 괜찮으니 이야기하고 싶은 순간이라면 언제라도 찾아오라고 당부해주세요.

어디에나 존재하는 우리, 어디에도 없는 고향

내가 살던 곳은 서울과 멀리 떨어진 곳이었다. 제법 큰 도시였고 별로 부족한 건 없었지만 나는 늘 답답했다. 뭣 때문인지 정확히 알 수 없는데도 그냥 '이곳을 벗어나야 한다'고 주문처럼 되뇌었다. 이러저러한 이유로 여기를 떠날 거라는 문장조차 만들지 못했다. 그렇게 청소년기를 지내다 스무 살이 되어 서울로 진학을 한 후에야 비로소 알게 되었다. 왜 그렇게 그곳을 나오고 싶었는지 그제야 명확히 보였다. 본가로 내려갈 때마다 이유가 선명해졌다. 서울과 다른 지방은 편안했으나 사람들이 불편하다는 걸 알아챘다. 돌아보니 성별표현이 모호했던 나는 청소년기 내내 타인의 시선에 위축되어 있었다. 성별을 특정할 수 없는 나를 힐끗거리는 뭇사람들의 시선에 숨이 막혔던 거구나 주억거릴 수 있었다. 여자냐 남자냐를 묻는 시선이 무례하고 폭력적이었음에도 그저 '사람들이 불편하다, 어디에도 속할 수 없다'고만 생각했던 어린 나를 이해할 수 있었다. 유독 눈 맞춤이 쉽지 않은 게 뭣 때문인지도 몰랐던 시절이 그제야 아릿해졌다. 고향을 떠날 때야 비로소 호흡하는 진짜 나를 느끼면서 지방에 만연한 성소수자 혐오와 차별을 절감했다.

오직 '퀴어한 정체성'만을 스펙으로 품은 내가 띵동의 상임활동가로 자리한 건 2017년의 봄이었다. 능숙하진 않아도 지지받지 못하는 청소년 성소수자의 마음을 잘 헤아리려고 노력할 즈음, 강원도에 거주하는 규진(가명)과 전화상담을 시작했다. 스스로를 젠더퀴어로 정체화한 열여덟 살의 그는 중학교 때 겪은 아우팅을 비롯한 성소수자 혐오폭력으로 몇 년째 우울하다고 호소했다. 중학교를 졸업한지 꽤 지났고 지금 다니는 고등학교에선 이전과 같은 일이 없는데 우울감이 왜 더 심해지는지 모르겠다며 속상해하는 그는 과거에 얽매인 스스로를 답답해했다. 지방의 중학교에서 아우팅이라니, 생각만으로도 아찔했다. 관계망이 촘촘하고 침투적인 지역 커뮤니티를 떠올렸을 때 아우팅은 단순히 사춘기 중학생의 비밀 하나가 노출된 게 아닐 터였다. 안전하지 않을뿐더러 자발적이지 않은, 정체성이 한순간 벗겨진 후 폭력까지 수반된, 더군다나 누구도 도와주지 않고 혼자 감내하는 상황이었다면 일상은 말 그대로 지옥과 다르지 않았을 것이다. 아우팅이라는 사건도 이후의 대처도 모두 상처와 폭력이었을 규진의 고통은 당연했다. 피해자인데도 수치심과 무력감을 제 몫으로 가져야 하는 상황은 시간이 해결해줄 것이 아니었다. 그래서 나는 그의 고통을 함께했다. 외롭고 무서웠을 중학생 규진 곁에서 그가 잃은 것을 하나씩 찾아주었다. 이전과는 달리 띵동이 있고 담당 활동가가 함께한다는 걸 반복해서 이야기했다. 그럼에도 상황은 나아지지 않았다. 쉽지 않을 거라고 생각했지만 놀랍게도 제자리걸음이었다. 어쩌면 더 안 좋아지는 것 같았다. 마치 아우팅 사건이 아직 끝나지 않은 듯, 오늘도 겪은 일인 것처럼 규진은 여전히 힘들어했다. 그리고 규진과 나는 한순간 그 이유를 알아챘다.

"오늘 수업 시간에 성소수자 찬반에 대해 토론했어요."

어떻게 지냈느냐는 인사에 규진은 무심하게 이야기했다. 마치 시간이 돼서 점심을 먹었고 급식 반찬이 뭐였는지 말하듯이 무덤덤하게. 규진에게 괜찮은지 물었으나 그는 기분은 별로 좋지 않았지만 혐오도 아닌데 왜 이런 건지 모르겠다고 답했다. 맙소사, 자신의 존재를 두고 찬성과 반대로 나뉘어 토론을 벌였고 몇몇은 성소수자를 비하하는 발언을 했는데도 혐오가 아니라니. 당혹스러워 왜 그게 혐오가 아닌 것 같은지를 물으니, 그는 물리적인 폭력도 아니고 자신을 향해 이야기한 게 아니니까 그건 혐오가 아니지 않느냐고 말했다. 아마도 중학교 때와 같지 않으니까 괜찮다고 생각한 모양이었다. 그러나 규진이 겪은 그것은 명백한 혐오폭력이었다. 곁에 있을지도 모르는 존재를 지우고, 존재의 유무를 다수결 혹은 합리와 논리로 판단하려는 교묘한 혐오. 네가 이 자리에 있어도 되는지 안 되는지 우리가 결정할 테니까 너는 빠져, 라는 위협이었다. 규진은 중학교 때와 같은 상황에 다시 노출됐고 반응했다. 다만 스스로 느낄 수 없을 뿐이었다. 머리로는 알 수 없는, 마음만 아는 공포와 무기력. 규진은 인식조차 하지 못한 혐오폭력에 매일 잠식당했다. 학교생활이 어떤지 물을 때마다 별일 없이 지낸다고 답했던 지난 시간이 떠올라 나는 괴로웠다. 그래서 규진의 상처가 아물 수 없었다는 걸 알아차리자 미안했다. 매번 아팠을 그를 생각하니 속상했다. 그래서 나는 우리가 지나친 일상의 혐오를 차근차근 살펴보기로 했다. 전화상담을 시작한 지 6개월이 넘어서였다.

"저한테 지지적인 A 선생님이 계시다고 했잖아요. 그분이 정말 제게 신경을 많이 써주시거든요. 요즘은 좀 덜 우울한지도 물어봐주시고요. 가슴으로 이해할 순 없어도 늘 응원한다고 말씀해주세요. 어제도 사람들이 이해하지 못하니까 힘들겠지만 네 정체성은 숨기는 게 좋아, 그래야 중학교 때처럼 위험해지지 않아, 라고 조언해주셨어요."

"할머니랑 같은 동네에 살아요. 심부름으로 할머니 댁에 갈 일이 있었는데 가는 길목에 교회 현수막이 걸려 있더라고요. '동성애 물러가라!' 뭐 그런 말들이 쓰여 있었어요. 할머니도 가족도 동네 사람들도 이걸 다 보고 다니겠지 생각하니 이상했어요. 그들은 이런 걸 보고도 아무런 문제의식도 느끼지 않고 힘들지도 않고 살겠죠?"

들을수록 도처에 만연한 혐오에 아득해졌다. 통제할 수도 없는 일상의 차별과 멸시와 혐오가 규진이 디디고 선 땅을 흔들었다. 세계와 연결된 통로를 부쉈다. 먼지처럼 부유해서 폐 깊숙이 파고든 혐오가 그의 숨통을 조였다. 내가 할 일은 선의로 포장된 혐오, 사소해서 스쳐 지나지만 괜찮지 않은 폭력을 가려내고 그로부터 어떻게 스스로 보호할지를 규진과 나누는 것이었다. 아직 청소년인 그가 좀 더 기운을 차릴 때까지 띵동과 내가 당신과 함께 버티고 때론 싸울 수도 있으니 걱정 말라는 당부도 잊지 않았다.

가만히 일상과 혐오폭력을 새롭게 들여다본 지 수개월이 지나 규진이 띵동을 찾아왔다. 버스를 타고 그 먼 길을 혼자 달려온 그를 보고 내심 안도했다. 전화로 상담할 때보다 씩씩한 목소리와 생기 있는 얼굴에, 띵동을 방문하겠다고 우울과 불안을 떨치고 낯선 곳으로 발걸음을 옮길 수 있었음에 조금은 희망을 가져도 좋겠다고 생각했다. 갈 길이 멀어도 지치지 않기로 서로를 북돋아 주면 될 일이었다.

띵동에서 3년을 활동하면서 청소년 성소수자, 특히 지역에 사는 이들에게 동료가 얼마나 큰 힘이 되는지 실감한다. 자신과 같은 사람들과 어울리며 소속과 유대를 느끼는 경험이 매우 중요하기 때문이다. 요즘 들어 트위터를 위시한 SNS로 소규모 지역 그룹이 많이 생겨났다곤 해도 온라인 관계만으론 연결감이 허약한 게 사실이다. 자연스럽게 오프라인 만남이 요구되지만 지역에선 쉽지 않은 일이다. 빤한 도심에서 부모와 지인에게 들키기 쉬운 오프라인 만남은 위험 부담이 큰 까닭이다. 만약 친구 관계까지 확인하고 통제하는 부모 밑에서라면 불안해서 누구도 만나기 어렵다. 비슷한 맥락에서 다양성이 소원한, 소위 전통 기반의 긴밀하고 침투적인 지역사회에선 만연한 혐오로부터 자기보호가 가능하지 않다. 그래서 지역 청소년에게 띵동은 바깥으로 연결된 통로 혹은 함께할 동료에 가깝지 않을까 추측한다. 띵동은 그들의 간절한 바람에 가까울 것이다.

사실 청소년 성소수자를 돕고 싶다는 마음으로 띵동을 시작했지만 1년차로 접어들 때부터 그들이 겪는 말도 안 되는 상황에 화가 나서 뭘 해야 될지 고민하다가 어떤 자원도 찾지 못해 하릴 없이 손을 놓고 마는 순간이 잦았다. 상담이나 위기지원에서 전문가가 아니라는 사실도 발목을 잡았다. 틈을 메우려고 토론하고 개발하고 자문을 받지만 매번 한계에 부딪치고 그때그때 바로 대응할 수 없었다. 그러다 보면 상담과 지원이 지연되는 상황에 깊이 좌절했다. 내담자를 돕기에 턱없이 부족한 띵동의 자원과 부족한 인력, 쉼 없는 업무에 소진돼 진지하게 이 일을 계속할 수 있을까 고민했다. 내담자의 환경을 개선하기 위한 어떤 상상력도 발휘할 수 없는 현실이 처참해서 차라리 돌아서고 싶었다. 그래서 한동안 고향에 내려가 묵상했다. 무엇이 힘든지, 어떤 변화를 원하는지를 곰곰이 더듬어 그 본질과 마주하려 노력했다. 그때 '이곳을 벗어나야 한다'고 중얼거리며 타인과 눈도 마주치지 못했던 어린 내가 스쳐 지나갔다. 누구와도 속내를 나눌 수 없어 숨이 턱 막히던 내 학창 시절에 순간 정신이 들었다. 잠시 놓고 온 내담자들이 두서없이 떠올라 마음이 아릿해졌다. 오도카니 혼자 힘들어 할 그들이 드러낼 삶을 곁에서 지켜내고 싶다는 순수한 책임이 일었다. 분명 무거웠지만 자발적이었기에 욕망과 다르지 않다고 수렴했다.

　문득 띵동을 오래도록 지켜야겠다는 결심이 섰다. 청소년 성소수자를 환대하는 띵동이라는 장소가 누구나 한 번쯤 꿈꾸는 집, 어디에도 없는 고향이기를 바라서였다. 사람도 공간도 한결같아야 지치고 고된 순간 찾아들 수 있겠거니 생각했다. 사회가 곁을 내주지 않는, 외려 가장자리로 밀어붙이는 청소년 성소수자. 그들이 자신의 온

전한 권리를 손에 쥐는 날까지 띵동에서 기다리고 있겠다는 혼자만
의 선언일 수도 있다. 행할 수 있을까 걱정되지만 부딪쳐보는 수밖에
방법이 없다.

띵동 상담 가이드라인 ❹

Q. 고등학교 1학년 담임을 맡고 있습니다. 2학기 중반 무렵 C가 면담을 신청해서 자신이 트랜스젠더인데 성별표현 문제로 스트레스를 받고 있다고 얘기했습니다. 그러면서 학교 내에 만연한 차별과 혐오 때문에 힘들다는데 그게 뭔지 구체적으로 와닿지 않습니다. 저희 학교는 학업 성적에 몰입하는 학교이고 다른 사람에게 별 관심이 없는 학생들이 태반이라서요. 혹시 C가 스트레스를 너무 받아서 예민해진 건 아닐까요?

A. 아마도 C는 아주 오랫동안 커밍아웃을 해야 할지 말아야 할지, 언제 그리고 어떻게 할지를 고민해왔을 것입니다. 어쩌면 C가 커밍아웃한 유일한 사람이 선생님일 수도 있습니다. 이때 긍정적인 방향으로 지원하는 것이 중요합니다. 무엇보다 중요한 건 경청입니다. C는 그저 누구한테 이야기를 털어놓고 싶었거나, 선생님이 성소수자 학생들을 더 잘 이해하기 바라는 마음뿐이었을 수도 있으니까요. 만약 C의 언어가 낯설고 이해되지 않는다면 선생님의 인식이 고정된 성적지향, 성별정체성, 성역할?에 기대어 있기 때문입니다. 그래서 선생님에게는 당연한 성별이분법에 근거한 이성애주의를 힘들어하는 C가 예민하게 여겨지는 것입니다. 아마도 선생님은 C가 화장실 이용 시 어떤 어려움을 느끼는지, 툭 터진 공간에서 체육복을 갈아입을 때는 어떤지, 성별이 구

별되는 교복은 괜찮은지, 수학여행 같은 단체 여행에서 숙박 시설은 난감하지 않은지, 무시로 불쑥불쑥 튀어나오는 "여자는", "남자는"이라는 말과 C를 부를 때 드러나는 호칭 등이 얼마나 날카롭게 매 순간 C를 괴롭히는지 느낄 수 없을지도 모릅니다.

물론 선생님께서 오랫동안 믿었던 세상에 대한 지식과 태도를 바꾸는 게 쉬운 일은 아닙니다. 그러나 C가 도움을 요청했으니 이제부터는 C와 함께 편견과 차별, 더 나아가 혐오의 순간을 이야기하시길 바랍니다. 이해되지 않거나 잘 모르는 부분은 C에게 직접 물어보셔도 괜찮습니다. 시작은 C가 어떤 호칭으로 불리기 원하는지를 확인하는 작업부터입니다. 어려운 경우 띵동을 비롯한 성소수자 관련 기관에 도움을 요청하십시오. C가 커밍아웃하려고 품었던 용기를 이제 선생님이 거머쥐셨으면 합니다.

공부를 잘하면 날 받아줄까요?

우여곡절 많았으나 이탈하면 진입하기 어려운 표준 트랙을 돌면서 제법 충실한 삶을 꾸렸다. 튕겨나갈 듯 아슬아슬한 청소년 시절에는 곁눈질 한 번 없이 쉬지 않고 걸었다. 부족하면 뛰었다. 당연하게도 모범생 옷을 입고 정상 범주를 지키는 데 집중했다. 지칠 때마다 보상처럼 하고 싶은 것을 떠올리며 스스로를 달랬다. 좋아하는 판타지 서사를 찾아 읽고 가고 싶은 여행지를 그려보면서 '언젠가'를 기대했다. 여기가 아닌 저기, 이곳이 아닌 그곳을 꿈꾸면서도 현실에 착실했고 그 덕분에 대학까지 무사히 졸업할 수 있었다. 이후엔 다르게 살고 싶었는데 아쉽게도 잘 안 되었다. 사람들이 선호하는 몇몇 분야의 직장에 다녀봤지만 재미도 의미도 없었다. 무엇보다 더 이상 자기 자신을 가둔 채 일하기 싫었다. 그래서 커밍아웃이 가능한 직장을 찾았다. 운 좋게도 인권 관련 NGO에 들어갔고 한동안은 의욕에 넘쳤다. 하지만 내게는 여전한 갈증, 성별이분법에 뿌리내린 이성애주의가 아닌 뭔가를 하고 싶다는 바람이 강렬했다. 그때 무지개청소년세이프스페이스 모금 활동을 접했다. 후원회원으로 참여하면서 수년 전부터 화제였던 'It Gets Better' 캠페인[10]이 떠올랐다. 성정체성을 이유로 폭력에 노출된 청소년 성소수자 자살을 예방하기 위해 2010년 9월 미국에서 시작된 캠페인을 보며 청소년 성소수자에 주목해야 한다고 고개 끄덕였던 순간이 밀물처럼 들이쳤다. 어떻게든 이 사업에 뛰어들고 싶었다. 기여하고 싶었다. 자원이 넉넉하지 않아 활동가를 더 들일 수 없던 띵동은 다행히 아름다운재단과 구글의 지원으로 인력 보충이 가능해졌다. 드디어 원하던 활동가의 자리를 얻게 된 것이다. 청소년 성소수자를 만날 기회에 마냥 기뻤다.

당사자인 청소년 성소수자의 주된 이슈는 성정체성과 가족과의 갈등이었다. 그중에서도 두 주제가 교차하는 대상인 부모에게 커밍아웃을 하고 싶다는 내담자가 상당했다.

"어떻게 해야 커밍아웃을 잘할 수 있을까요? 어떻게 해야 부모님이 저를 받아들일까요?"

간절함과 체념이 버무려져 탈진한 목소리를 들을 때면 가슴이 먹먹했다. 있는 그대로의 모습으로 가족, 특히 부모님과 마주하고픈 마음을 모를 리 없었다. 헤아릴 수 없는 밤, 어쩌면 매 순간 이 문제

---

10 'It Gets Better(점점 나아질 거야)' 캠페인은 2010년 댄 새비지(Dan Savage)와 그의 파트너인 테리 밀러(Terry Miller)가 성적지향을 이유로 괴롭힘을 당하거나 자살하는 청소년 성소수자를 보호하고 이들의 자긍심 강화를 위해 시작한 소셜미디어 캠페인이다. 매년 수백만 명의 청소년과 만날 수 있는 주요 멀티미디어 플랫폼으로 발전했다. 관련 영상은 홈페이지(itgetsbetter.org)와 유튜브 채널(www.youtube.com/user/itgetsbetterproject)에서 확인할 수 있다.

로 고민했을 내담자의 일상이 고단하게 다가왔다. 진짜 나로 인정받지 못해 제대로 된 소통이 불가능한, 껍데기뿐인 하루하루가 서걱거렸을 테다. 사회의 차별과 혐오의 시선이 무서워 부모에게 기대고 싶은 순간이 부지기수였겠지. 그럼에도 대개의 부모님은 성소수자 이슈에 무지하거나 차별적이었고, 청소년 성소수자들은 커밍아웃을 숙제처럼 품고 속을 끓였다.

사실 말하지 않는 게 아니라 말할 수 없는, 함구된 진실인데도 스스로 진실하지 않은 사람인 양 죄책감을 뒤집어쓰곤 했다. 기본 값으로 장착된 '거짓말'을 상쇄하려고 어떻게든 착한 아이가 되려고 안간힘을 쓰는 경우도 있었다. 가장 속상했을 때는 덤덤한 목소리로 "어떻게 하면 부모님의 마음을 살 수 있을까요? 공부를 열심히 하면 내가 성소수자인 것을 받아들여줄까요?"라고 이야기할 때였다. 성정체성을 위해 또 다른 가면을 쓰려고 준비하는 그들의 모습에 마음이 철렁했다. 성소수자 낙인을 수용'해주는' 대신 부모님이 원하는 대로 살아가겠다는 거래는, 있는 그대로의 자신을 드러냄을 뜻하는 커밍아웃과 배치된 것이었다. 성정체성을 제외한 다른 모습을 스스로 눈에 띄지 않도록 숨기는 출발선은 가족에게 수용 받으며 안전하게 살기 위한 전략일 수 없었다. 부모님을 포함한 가족의 이해와 인정을 바란다면 좀 더 단단해져야 했다. 긴 싸움을 유연하게 바라볼 마음의 준비가 필요했다.

그래서 준비한 게 내담자들과 함께 오랜 호흡으로 끌어갈 커밍아웃이었다. 이때 중요한 건 일회성 이벤트가 아닌 장기 프로젝트라는 사실이었다. 계획은 꼼꼼할수록 좋았다. 숱하게 고민하고 생각했 겠지만 왜 커밍아웃을 하고 싶은지를 구체적으로 정리하고, 어떤 방 법으로 언제 어떻게 커밍아웃할지를 촘촘하게 계획할뿐더러, 원하는 결과를 얻지 못할 경우에 어떤 실질적인 대안을 마련할 것인지도 연 습했다. 상황에 따라 내담자의 마음이 어떨지 살피고 그에 따른 대처 도 고민했다. 더불어 커밍아웃이 한 번으로 끝나지 않을 거라는 사실 도 당부했다. 무슨 사건이 일어날라치면 '성소수자'라는 이유를 들먹 여 옴짝달싹 못하게 한다거나, 아예 커밍아웃을 듣지 않은 것처럼 행 동할 수도 있음을 귀띔했다. 그때마다 커밍아웃을 반복하면서 상황 에 휘둘리지 않고 꿋꿋하게 자신의 일상을 꾸려나가는 게 중요하다 는 조언도 함께였다. 살아가는 순간순간이 커밍아웃이라고 믿는 내 게 커밍아웃은 책임의 또 다른 이름이기도 한 까닭이었다.

　　"…저 죽고 싶어요."

　　기영(가명)의 전화에 식은땀이 흘렀다. 죽겠다는 다급한 소리에 머릿속이 정지했다. 먼저 지금 어디 있는지를 확인한 후 안정을 유도 했다. 그 와중에 열여덟 살의 지정성별 남성 게이인 기영이 이별폭력 가해자라는 걸 알게 되었다.

　　"내가 이렇게 그 사람을 사랑하는데 왜 나를 밀어내는 거죠. … 아녜요, 맞아요. 내가 싫을 수 있죠. 머리로는 이해할 수 있는데 마음 을 어떻게 할 수 없어요."

　　이전처럼 지내고 싶은데 어떻게 하면 되느냐는 내담자의 질문을 들으면 낙담과 혼란이 고스란히 느껴졌다. 받아들여지지 않는 감정을 어쩌지 못해서 상대방에게 화를 내며 주먹을 휘두른 가해자. 기영은 마치 외줄을 타듯 위태로운 자신을 누군가 붙잡아주길 바랐다. 미워서 욕을 하고 괴롭히다가 이별폭력 신고로 경찰 조사를 받게 된 현실이 믿기지 않아 죽고 싶다는 기영은 본인의 잘못된 행동에 좌절해 그저 죽고 싶다고 토로했다. 그는 전 연인을 향한 폭력을 어떻게 멈춰야 하는지 몰랐다. 내가 할 수 있는 건 폐허일지라도 흔들리지 않는 굳건한 현실을 밝혀주고 그곳에 발 디딜 수 있도록 돕는 것, 더 이상 폭주하지 않도록 함께 견뎌주는 것뿐이었다. 폭력이 왜 용인될 수 없는지를 단호하게 말하면서도, 죽고 싶은 마음과 죽으려는 행위 자체를 분별해주었다. 그리고 설득했다. 사실 전 연인이 괴롭길 바라는 건 아니지 않느냐고, 감기가 나으면 기침이 안 나는 것처럼 마음이 괜찮아지면 죽고 싶은 생각도 사라질 거라고, 지금 너무 힘들어서 그렇지 사실은 죽고 싶은 게 아닐 거라고 다독였다. 죽고 싶다는 그의 말을 끝까지 듣고 그 마음을 공감하면서도 설득을 멈추지 않았다. 불안이 가라앉아 전화를 끊을라치면 내일도 통화하자고 제안했다. 그렇게 일주일에 세 번, 두 달여 간 전화상담을 진행했다.

자신을 다스리지 못하는 기영의 충동적인 행동에 늘 노심초사였다. 전 연인을 잊지 못해 살고 싶지 않은 그가 정말 죽을까 봐 두려웠다. 휘둘리지 않으려고 노력했으나 그는 띵동에서 생활상담을 진행한 지 2년차에 들어선 내게 태산처럼 높은 장벽이었다. 어떻게 해도 생의 의지를 끌어낼 수 없을 것 같아 속이 탔다. 다른 인간관계를 맺을 수 있도록 격려하면서 전 연인에게로 쏠린 사고를 분산시켰다. 난생처음 있는 그대로의 자신을 인정하고 사랑해준 사람을 놓지 못해 파괴적으로 돌변한 내담자에게 또 다른 경험이 가능하다는 희망을 주기 위해 경청하고 공감했다. 이별은 아프지만 그래서 세상이 끝나는 건 아니라고 안심시켰다. 물론 내담자가 죽고 싶은 마음을 토로할 때마다 여전히 같은 자리를 맴도는 것 같아 무기력했다. 그래도 중심을 잡고 그에게 집중했다. 그리고 어느 날 알 수 있었다. 오늘 이 상담이 종결이구나, 되뇌고 말았다. 날마다 상담해야겠다고 판단했던 그의 떨리는 목소리가 차분했다. 전화기에서 뚝뚝 떨어질 것 같던 어두움이 사라졌음을 감지한 까닭이었다. 제법 안정된 높낮이로 담담하게 일상을 풀어내는 기영과 자연스럽게 이야기를 끝내고 마치 내일도 통화할 사람인 양 인사를 나눴다.

돌아보면 현실은 언제나 기대와 달랐다. 상담은 그야말로 좌충우돌이었다. 예상치 못한 순간이 수시로 닥쳐들었다. 청소년 성소수자부터 그의 부모님을 포함한 가족들, 학교 선생님과 주변 지인들이 상담을 요청했다. 전화를 받는 순간부터 울음을 터뜨리는 어머니, 성소수자인 제자에게 어떤 도움을 줄 수 있는지 묻는 선생님, 커밍아웃한 동생을 더 잘 이해하고 싶어 띵동을 찾아온 형, 성정체성 문제로 말다툼하다 자녀가 집을 나갔는데 뭘 해야 할지 모르겠다는 부모님까지 당사자를 둘러싼 온갖 이야기가 띵동의 문을 두드렸다. 비슷한 듯 다른 저마다의 호소에 반응하면서도 언제나 당사자인 청소년 성소수자를 기억했다.

직접 닿을 수 없어 지인이 대신 전하는 청소년 성소수자의 현
상황을 떠올리고 그가 필요한 자원을 고민하는 게 매일의 일과였다.
내가 만날 수 없는 청소년 성소수자와 이야기를 나누고 함께 생활할
그들이 혹시라도 낙담해서 청소년 성소수자의 목소리를 외면하지
않도록 최대한 상냥하게 이해할 수 있도록 쉽고 친절한 예를 들어가
며 궁금증을 풀어줬다. 가장 가까운, 어쩌면 유일한 출입구인 그들이
청소년 성소수자를 상처 입히지 않도록, 가능하다면 좋은 영향만 미
치기를 염원하며 상담을 진행했다. 이야기를 나누다 보면 눅눅한 목
소리로 "혼자서 얼마나 마음을 졸였을까요. 그것도 모르고 박박 긁
어버렸어요! 앞으로 뭘 해 먹고 살아갈까, 누가 받아주기나 할까 싶
어서 그랬지"라며 자신의 무지했던 과거를 미안해했다. 상담을 통해
자신의 불안과 두려움을 확인한 뒤였다. 세상이 만든 성소수자에 대
한 편견을 의심 없이 받아들이면서 생겨난 스스로의 공포가 성소수
자인 자녀를, 형제자매를, 제자를, 친구를 상처 입혔다는 걸 알아차
린 후 그들은 후회했다. 그리고 조금 안심했다. 그들의 안심은 사랑
하는 자녀, 형제자매, 제자, 친구가 성소수자라는 이유로 불행해지지
않을 것이라는 희망 때문이었다. 다른 내일을 상상하게 된 결과였다.

가만히 표준 트랙에서 벗어날까 봐 불안했던 청소년 시절을 되
적인다. 애쓰며 가장했던 무참한 순간에 가장 바랐던 게 무엇이었을
까 자문한다. 부족해도 뒤처져도 괜찮다고 품을 내어주는 한 사람,
지칠 땐 쉬어가도 좋다고, 혼자인 게 무색하다면 곁에 서주겠다고 이
야기해주는 누군가. 곧 나아질 테니 그때까지 함께하자 내미는 손길

이 간절했는지도 모르겠다. 그런 시간을 지나왔기에 커밍아웃을 고민하느라 숱한 밤을 지새우거나 관계의 실패에 죽고 싶은 청소년 성소수자를 이해한다. 허락되지 않는 분노가 제 갈 곳을 잃고 막다른 길목에서 스스로를 향해 돌진하는 상황에 가슴이 먹먹해진다. 그래서 죽음으로 고통에서 해방되고 싶은, 자신을 둘러싼 세계를 삭제하려는 내담자의 시도에 기꺼이 개입한다. 더 나아질 거라고, 아니 나아지게 만들 거라고 말을 건넨다. 당신을 둘러싼 폭력을 변화시키겠다고, 그러니까 조금 더 힘을 내어 내일을 기다려보자고 부탁한다. 그래, 바로 그 말을 하고 싶어서다. 띵동 상임활동가가 되어 청소년 성소수자를 만난 이유다. 띵동이 존재하는 의미다.

띵동 상담 가이드라인 ❺

Q. 얼마 전부터 전화상담을 하고 있는 D는 지정성별 여성 레즈비언입니다. D의 고민은 커밍아웃입니다. 부모님과 친구들에게 커밍아웃을 해야 할 것 같은데 너무 무섭다네요. 거짓말하며 사는 것 같아서 그들 앞에 서면 식은땀이 나는데 입이 떨어지지 않아 미칠 것 같대요. 불안해서 잠도 안 온다는 D와 커밍아웃에 대해 어떻게 풀어나가야 할까요?

A. 커밍아웃이란 자신의 성별정체성이나 성적지향을 다른 누군가에게 공개적으로 알리는 것입니다. 성별이분법에 근거한 이성애주의 규범을 당연하게 여기는 대부분의 사람들은 자신의 성적지향을 공개적으로 선언하거나 자신의 성별이 무엇인지 증명해야 할 필요를 느끼지 않습니다. 반면 성소수자들은 자신의 성적지향이나 성별정체성을 밝혀도 될지 아니면 계속 숨기며 살아가야 할지 고민합니다. 커밍아웃은 자신의 존재가 드러나는 일이고, 다양한 위험에 노출될 수도 있기 때문입니다. 그것을 감수하며 하는 것이기에 용기가 필요한 것이죠. D는 아마도 그 두 가지 어려움에 부대끼고 있는 중이라고 생각합니다. 존재를 드러내지 않으면 자기 자신으로 살 수 없고 매 순간 삭제되는 느낌이라 숨이 막히는데, 그렇다고 존재를 드러내면 거절당한 채 버려질 같은 불안에 이러지도 저러지도 못하는 상황일 듯합니다.

이때 상담의 초점은 커밍아웃을 할 것인지 안 할 것인지라는 행위에서 조금 비껴나 왜 커밍아웃에 집중하는지, 커밍아웃을 안 하고 지내는 D의 마음이 어떤지를 나누는 것입니다. 청소년의 경우 스스로를 '거짓말하는 나쁜 존재'로 규정하며 진실하지 못한 사람이라고 단정해, 왜곡된 자기평가로 위축되곤 합니다. 이때 중요한 건 말하지 못하는 것과 말하지 않는 것을 잘 들여다보는 일입니다. 암묵적으로 드러내지 말라 강요하는 사회에 억눌린 D의 상황을 단순히 '거짓말'로 정의내릴 수 없을뿐더러 용기 없는 사람은 더더욱 아니라는 걸 명확하게 이야기해주십시오. 커밍아웃을 고민하는 건 '있는 그대로의 나'로 수용 받고 싶고 더 나아가 자유롭고 싶다는 염원임을 알아차리고 D를 공감해주세요. 커밍아웃을 하거나 하지 않거나 D는 훼손되지 않는 존재라는 걸 여러 차원에서 알려주면서 그런 D를 지지하고 응원할 거라고 다독여주십시오. 그런 후 조금의 안정을 찾은 D가 커밍아웃을 결심했다면 차근차근 단계를 밟아 커밍아웃을 준비할 수 있도록 도와주세요. 무엇보다 중요한 건 커밍아웃한 D가 어려움에 노출되지 않도록 D를 존중하고 지지하는 마음으로 곁에 있어주는 것입니다.

실체 없는 허상의 공포, HIV

한 이불을 덮고 찌개를 같이 떠먹거나 화장실을 함께 사용하며 속옷을 같이 세탁해도 괜찮다. 악수하고 껴안고 입맞춤해도 걱정 없다. 콘돔을 사용한 섹스라면 감염되지 않을 만큼 안전하다. 그만큼 전염성이 낮은 게 인간면역결핍바이러스(이하 'HIV')라는 걸 나는 이십 대 초반 HIV 감염 확진 판정 후 문자가 아닌 경험으로 이해했다. HIV 감염과 면역체계가 감소하거나 파괴돼 합병증에 노출된 상태인 후천성면역결핍증후군(이하 'AIDS')이 어떻게 다른지도 몰랐다. 치료제를 꾸준히 복용하고 건강 관리만 잘하면 평생을 별다른 증상 없이 지낼 수 있다는 것도 HIV 감염 이후 습득한 정보였다.

수개월 동안 넋이 나가 지내다가 겨우 알아낸 HIV 감염의 실체. 생각보다 암담하지 않은 질병이었음에도 나는 휘청거렸다. 스스로를 옹호할 수 없어 일삼던 자기비난 때문이었다. 무슨 권리가 있어 치료받고 살려 하느냐는 자책이 잘 벼린 칼처럼 심장에 박혔다. 나의 눈물마저 바이러스인 양 흠칫거리는 가족의 편견, 꿈꿨던 직업을 선택할 수 없는 조직 내 규칙과 같은 세상이 찍어놓은 혐오 낙인에 움츠렸다. 고작, 불편하지만 치명적이지 않은 병에 걸렸을 뿐이었다. 미신으로 뒤엉킨 혐오에 죽음보다 못한 삶이라니 억울하고 기가 찼다. 이제 스물셋인 내가 안쓰러웠다. 그래서 바닥으로 가라앉는 일상을 가까스로 붙잡고 세상과 맞서기로 결심했다. HIV/AIDS 학술대회 참석을 계기로 마음 맞는 활동가들과 한국청소년·청년감염인 커뮤니티 '알'(이하 '커뮤니티 알')을 만들고 HIV 감염인과 AIDS 환자의 권리를 외쳤다. 누구에게나 평등한 삶이 무언지 그제야 알 수 있었다.

그 연장선에서 청소년 HIV 감염인에 관심을 가지기 시작했다. 비청소년인 나조차도 막막한 상황을 청소년들이 어떻게 감당할지 생각만으로도 아찔한 까닭이었다. 치료와 돌봄은 고사하고 진료 기회를 가질 수나 있을까 걱정했다. 성소수자 커뮤니티 내에서도 곱지 않은 시선을 받는 HIV 감염이라 섣불리 도움을 구할 수도 없을 터였다. 누구에게도 알리지 못하고 홀로 힘들어할 그들을 어떻게든 만나고 싶었다. HIV 감염 사실을 알고 난 후 내가 느꼈던 실망과 좌절을 청소년들이 겪지 않기를 바랐다. 하지만 청소년이 넘기에 HIV/AIDS의 장벽은 높았다. 그나마 편견 없이 열려 있는 커뮤니티 알에서도 청소년을 만날 수 없었다. 대다수가 이십 대 이상인 공간에서 자신을 드러내기가 만만치 않았을 것이다. 통계 수치로 잡히는 청소년은 망령처럼 떠다닐 뿐 마주하기 어려웠다. 어쩔 수 없는 현실에 답답하던 차였다. 띵동에서 청소년 HIV/AIDS 인권활동을 준비 중이라고 했다. 마침 상임활동가를 충원한다기에 두 번 생각할 것도 없이 다니던 회사를 그만뒀다. 어떤 청소년도 HIV/AIDS 차별과 혐오로 위축되지 않기를 바라는 마음으로 띵동의 상임활동가가 되었다.

열여덟 살 지정성별 남성 게이인 석영(가명)을 만난 건 상임활동가로 일한 지 얼마 지나지 않아서였다. 카톡으로 HIV 감염이 걱정된다고 조심스럽게 말을 건넨 그는 검사를 받고 싶은데 어떻게 해야 할지 모르겠다고 도움을 요청했다. 가장 먼저 살핀 것은 내담자의 심리 상태였다. 불안과 두려움에 압도돼 수행이 어렵지 않은지를 확인하며 의심되는 감염 경로를 물어보았다. 그다음 HIV의 전염성이 낮다는 걸 인지시키고, 그럼에도 HIV 감염이 고민된다면 그보다 전염성이 높은 성매개 질환(STD) 검사를 포함해 HIV/AIDS 검사까지 받을 수 있는 종합 검사를 해보는 게 좋겠다고 이야기했다. 청소년 성소수자에게 친화적인 띵동 지정병원까지 올 수 있다면 띵동 활동가 동행과 검사비 지원이 가능하다고도 알려줬다. 석영은 오래 생각하지 않고 내 제안을 받아들였다.

　검사 날짜를 예약하고 석영과 약속을 잡으며 검사 전 필요한 몇 가지를 당부했다. 검사 당일 띵동에서 석영을 만나 병원으로 이동하며 의심되는 상황과 더불어 긴장을 풀어주는 소소한 이야기를 나눴고 검사가 끝난 후엔 그 어떤 상황에도 낙담할 필요 없다, HIV 감염이어도 꾸준히 관리한다면 이전과 다르지 않은 생활이 가능하다고 누차 강조했다. 석영 혼자 감당하지 않도록 나와 띵동이 지지할 것이라고 힘주어 이야기했다. 부모가 알게 될까 봐 노심초사하며 치료비를 비보험 처리하기 원했던 석영은 결과에 상관없이 안정을 찾는 듯 보였다. 불안하지 않았다면 거짓말이다. 석영도 나도 나쁜 소식을 원하지 않았다. 하지만 별수 없었다. 할 수 있는 건 결과가 무엇이든 함께할 것이므로 괜찮다는 신뢰로 빚은 주문뿐이었다. 그것만이 우리를 꽉 안아주었다. 3일 후, 검사 결과는 뜻밖에도 매독이었다. 솔직히 다른 질환에 문외한이었던 나는 결과를 받아 들고 열심히 공부했다. HIV 감염 확진 후 밤낮없이 온갖 정보를 취합하던 마음으로 어떻게 해야 매독에 휘둘리지 않고 지낼 수 있는지 꼼꼼히 살폈다. 긴 치료의 시작이었다. 근 2년 동안 석영은 치료에 성실했다. 약 복용은 물론이고 서너 번의 검사에도 적극적이었다. 꾸준히 치료한 결과 매독은 드디어 잠복기로 들어섰다. 상황 대처에 현명하고 유연한 내담자와의 마지막 날이기도 했다.

HIV 감염이 걱정돼 전화하는 내담자 대부분은 검진 받을 의사가 있는 경우다. 뭔가 안전하지 않은 성관계를 하고 나서 소위 성병에 걸린 게 아닐까 불안해서 문의한다. 콘돔을 사용하지 않았다거나 출혈이 있었다거나 석연찮은 마음에 불안이 증식하면서 HIV/AIDS 혐오로 번지곤 한다. 이때 가장 중요한 건 내담자의 불안, 실체 없는 공포를 확인하는 것이다. 가장 효과적인 것은 HIV/AIDS 검사 혹은 STD가 포함된 종합 검사인데, 검사 적정 시기인 성관계 후 12주 이내거나 지방에 거주해서 띵동을 찾아올 수 없을 때는 HIV/AIDS 교육상담을 진행한다. HIV와 AIDS의 정의는 무엇인지, 어떻게 하면 치료가 가능한지와 함께 왜 초기 치료가 필요한지를 쉽고 친절하게 설명한 뒤 현재 의심되는 감염 경로와 감염 조건이 맞는지, 검사 결과 음성과 양성일 때 무엇이 달라지고 치료법은 어떤지, 이후 삶은 어떻게 흘러갈 수 있는지 등을 꼼꼼하고도 긍정적으로 풀어놓는다. 우리나라 사람이라면 99퍼센트 가지고 있을, 내담자 자신도 피해 가기 어려운 HIV/AIDS 혐오를 과학적 사실에 기반한 팩트체크로 거둬내는 작업이다. 그렇게 한두 번의 전화상담으로 극에 달하던 불안은 다룰 수 있는 수준으로 갈무리된다. 충분한 설명으로 허상에 가까운 혐오를 확인했음에도 불안하다면 좀 더 긴 상담이 필요한 경우다. HIV/AIDS가 아닌 내면화된 혐오 혹은 말할 수 없는 불안 요소를 품고 있을 수도 있다. 그런 경우라면 주기적인 상담과 더불어 반드시 종합 검진을 권한다.

　띵동 상임활동가로 청소년 성소수자와 만나기 시작한 2016년 12월부터 지난 2년 5개월 동안 활동가 편지와 외부 인터뷰, 펀딩을 통해 HIV/AIDS 인권활동을 펼쳤다. 청소년 성소수자들이 평소 궁금했던 질문들을 모아 『HIV/AIDS에 대한 궁금증을 해결시켜 줄 20개 해답의 열쇠』[11](이하 'HIV/AIDS 해답의 열쇠')를 제작하는가 하면, 보다 정확한 정보가 전달되기 바라며 해답의 열쇠 내용을 카드뉴스

11　『HIV/AIDS에 대한 궁금증을 해결시켜 줄 20개 해답의 열쇠』(2018)는 청소년 성소수자들이 에이즈에 대해 평소 궁금해하던 질문 목록 20개에 대해 답변을 정리한 자료이다. 의사, 상담사, 인권활동가의 도움을 받아 답변을 작성하였고, 띵동 자원활동가들의 도움으로 청소년 성소수자들이 이해하기 위한 문장으로 다듬었다. 에이즈에 대한 거짓 정보와 가짜 뉴스가 넘쳐나는 사회에 살면서 이 자료가 질병에 대한 정확한 정보를 이해하고, 문제 제기할 수 있는 힘을 기르는 데 도움이 되기를 바란다.

형식으로 SNS에 올렸다. 더불어 커뮤니티 알과 함께 '띵동카페: 전지적 감염인 시점' 프로그램을 개발해 HIV/AIDS 예방과 인권교육도 진행했다. HIV 감염인을 직접 만나 그간의 편견과 궁금증을 해소하는 시간이었다. 한편으로 HIV 감염인 청소년 성소수자 세 명을 직접 만나 인터뷰를 통해 그들의 삶을 들여다보고 무엇이 필요한지 파악했다. HIV 감염인 청소년 성소수자로서 겪는 가족관계, 차별경험, HIV 확진 당시의 감정, 섹슈얼리티 등을 묻고 답하며 띵동의 HIV/AIDS 감염인 청소년 성소수자 인권활동의 방향을 가늠해보기도 했다. 또한 HIV 감염인 청소년 성소수자를 만날 수 있는 접점을 넓히기 위해 전국 25개 감염내과 상담실에 띵동 활동을 알리는 홍보물을 배포했다. 거의 모든 채널을 동원해 HIV 감염인 청소년 성소수자를 지지하고 응원하며 적극적으로 지원할 것임을 밝혔다.

청소년은 성매개질환 관련 검진을 받는 것은 고사하고 콘돔을 구입하는 것조차 녹록치 않다. "학생이 무슨 섹스야"라며 정색하는 사회, 청소년을 보호하기 위해서라지만 정작 문제가 생겼을 땐 쉽사리 도움을 제공받지 못하는 게 현실이다. 이런 상황에서 웬만한 용기 없이 안전하지 못한 경험,

『HIV/AIDS에 대한 궁금증을 해결시켜 줄 20개 해답의 열쇠』

불안한 상황을 털어놓고 얘기하기란 어렵다. 도움을 받고 싶어도 다가갈 수 없다. 이중 삼중의 차별과 혐오에 노출된 청소년 성소수자는 말할 것도 없다. 그래서 띵동이 나섰고 나의 커밍아웃이 시작됐다. 물론 'HIV 감염인'이란 정체성이 썩 편한 것은 아니라서 나 역시 마냥 아무렇지 않을 순 없다. 그런데도 자리가 생길 때마다, 필요한 순간마다 솔직히 나를 드러내는 건 단 한 사람이라도 HIV/AIDS 혐오를 거두기 바라서다. 혐오가 그려낸 '처참하고 죽을 날만 기다리는 쓸모없는 HIV 감염인'이 아닌 어제도 오늘도 스쳐 지났을 평범한 이웃, 내일은 마주 웃으며 얘기 나눌지도 모를 가까운 지인임을 느끼게 해주고 싶어서다.

1년 동안 만나온 내담자가 "HIV 감염인 유튜버를 봤는데 안쓰러웠어요. 저도 언젠가 감염인이 될지 모르죠. 뭣 하러 게이로 사는지 모르겠네요"라고 불안을 내비쳤을 때, 나도 HIV 감염인이지만 비교적 잘 지내고 있다며 커밍아웃한 것도 그 맥락에서였다. 실체 없는 공포가 눈앞에 등장하자 내담자는 당황했지만 이내 제 공포의 허상, 낙인의 폐해를 알아챘다. 찰나처럼 서로를 위무하는 침묵이 지나고 우리는 다정하게 또 이러저러한 이야기를 나눴다. 상담을 마치면서 그는 함부로 말해서 미안하다고 사과했다. 나는 괜찮다며 웃었다. 우리는 다시 만날 것이기에 나는 정말 괜찮았다.

사실 네가 많이 불안했던 모양이라고, 가만히 세상을 둘러보면 생각보다 믿을 만한 것들이 많이 있다고, 내가 겪어 보니 그렇더라고 다독여주고 싶었다. 하지만 HIV 감염 후 섣불리 기대를 품지 않는 나로선 어쩐지 사치스러운 말이라서 주저했다. 나를 혐오하고 차별하고 편견으로 바라본 사람들에 길들여지지 않으려고 애썼던 시간이 되감겨서 머뭇거렸다. 신뢰로 만든 궤도에서 잠시 이탈했는지도 몰랐다. 혐오와 편견이 우리를 잠식하면, 청소년들의 삶을 쥐락펴락하면 어떡하나 덜컥 겁이 났을까. 문득 수화기 너머에서 불안한 얼굴로 비수 같은 흉흉한 소문을 읊조리던 내담자들이 떠올랐다. 그것은 소문이지 사실이 아니라고 알려줘야 하기에, 어제 오간 길만 길이 아니라고 귀띔하기 위해 나는 다시 제 궤도에 올랐다. 모든 비청소년들이 예외 없이 지나온 시절이기에 모두가 당사자이고, 인구수가 적지 않은데도 놀랍게 소수자이고 약자인 청소년, 더군다나 성소수자, 심지어 HIV 감염인을 생각하며 마음을 추슬렀다. 서로가 서로를 더 보듬고 지지자가 되어준다면 삶이 덜 불안할 것이라고 믿으면서 말이다. 그렇게 길 끝에서 다시 내일을 향했다, 위험한 소문 따위를 뚫고.

띵동 상담 가이드라인 ❻

Q. 청소년상담복지센터에서 근무하는 청소년 동반자(YC)입니다. 지난달부터 일주일에 한 번씩 상담을 진행 중인 열일곱 살 지정성별 남성 청소년 E가 지난주 자신이 게이이라고 커밍아웃했습니다. 정체성 혼란보다는 저와의 신뢰를 확인하는 차원의 자기 개방이었던 것 같아 자연스럽게 진솔한 이야기를 진행해나갔습니다. 그러다 상담이 끝날 즈음에 AIDS 이야기를 꺼내더군요. 순간 굉장히 불안해하며 이전과 너무 다른 태도를 보여서 당황했습니다. 시간이 다 돼서 더 탐색하지 못하고 상담을 마쳤는데 다음 상담에서 무엇을 어떻게 시작해야 할까요?

A. 선생님 말씀처럼 신뢰를 확인했기에 AIDS로 인한 불안을 털어놓을 수 있었던 것 같습니다. E를 더 적극적으로 돕기 위해 질문해주셔서 고맙습니다. 현재 E가 어떤 상태에 있는지 알 수 없는 상황에서 가장 좋은 것은 HIV/AIDS 교육입니다. 일단 E가 HIV에 감염될까 봐 불안해하고 걱정한다면 감염 경로와 감염 원인을 조심스럽게 확인해주십시오. 많은 청소년들이 안전하지 않은 성관계를 경험한 후 HIV/AIDS 불안 혹은 혐오로 치닫습니다. E의 경우 구체적인 사건이 있는 건지, 무지로 인한 공포인지 확인해주세요. 전자라면 성관계 후 12주가 지난 뒤 검사를 받고 확인할 수 있다, 그때까지 불안한 부분은 나와 이야기 나눠보자,

라고 안심시킨 후 HIV 감염과 AIDS의 차이, 음성과 양성 결과에 따른 치료 방법 등을 이해하기 쉽게 설명해주시면 됩니다. 후자라면 세상의 혐오를 이기지 못한 채 굉장히 불안해하는 상태일 수 있으니 각별히 주의해서 AIDS의 무엇이 그렇게 힘든지 살펴봐주십시오. 이 경우에도 HIV/AIDS에 대한 올바른 정보와 교육이 도움이 됩니다.

무엇보다 이 모든 상황, AIDS에 대한 극도의 불안, 혹은 경험했을지도 모를 안전하지 않은 성관계, 만약 받을 수도 있는 HIV 감염 확진은 내담자인 E의 잘못이 아니라는 것을 넘치도록 이야기하고 또 이야기해주십시오. 그 무엇도 E를 훼손할 수 없다고 E를 충분히 다독이고 수용해주세요. 띵동 홈페이지에서 『HIV/AIDS에 대한 궁금증을 해결시켜 줄 20개 해답의 열쇠』를 참고하시거나 E와 함께 읽으셔도 좋습니다. 아무리 봐도 모르겠다거나 E에게 설명하기 어렵다면 띵동에 연락해주십시오.

미래와 과거를 넘나드는 시간 여행

어쩔 수 없는 것들이 도처를 떠다녔다. 넉넉하지 않은 집안의 아들로 태어난 것부터 초등학생 때부터 고민한 성별정체성, 군에 입대하고 겪은 혐오폭력 모두 내가 어찌할 수 없는 일이었다. 남자답지 않은 것은 목소리와 걸음걸이였고 여자와 다른 것은 몸이었다. 그로 인해 모욕과 멸시와 폭력에 노출됐고 나는 더 이상 이렇게 살고 싶지 않았으나 다르게 살 방법을 알지 못했다. 그저 타인의 기대에 맞춰 남자인 척 지냈다. 숨죽이며 살면 되겠지 생각했는데 갈수록 숨이 막혔고 질식해 죽을 것 같아 2011년 봄, 한국 땅을 벗어났다. 워킹홀리데이 비자를 받아 떠난 호주에서 생애 처음 성소수자 인권옹호를 경험하고 진지하게 성전환을 결심했다.

트랜스여성으로 지내는 삶은 이전과 달랐다. 관심을 두지 않던 인권활동을 시작했고 새로운 시선으로 한국을 바라보게 되었다. 어쩔 수 없는 것들에 얽매여 옴짝달싹 못하는 순간이 줄어드니 숨이 쉬어졌다. 나를 둘러싼 환경은 여전했지만 신기하게도 다르게 살 수 있었다. 성소수자 인권이 당연하다는 호주에서의 경험으로 꿈에서나 가능했을 삶을 품었다. 누구도 이야기해주지 않았던 가능성, 실재하는데 닿을 수 없는 바리케이드 너머의 권리. 열 시간이나 비행기로 날아간 낯선 땅이 아닌 내가 살고 있는 바로 이곳에서 알아차릴 순 없었을까. 스스로에게 묻고 답하기를 반복하며 나는 결심했다. 이렇게 살고 싶지 않으나 다르게 살 방법을 모르는 과거의 나와 같은 사람들 곁에 서겠다고 선언했다. 띵동의 상임활동가로 일하기 시작한 것은 그 연장선의 변화였다. 어쩔 수 없는 것들과 맞서기 시작했다.

이제 막 냉장고를 들여놓은 참이었다. 가구라곤 테이블이 고작인 휑한 2015년 1월의 띵동에 시현(가명)이 방문했다. 지정성별 여성 레즈비언인 그는 깡깡 언 길 위에서 띵동을 만났다고 이야기했다. 자신이 누구인지, 무엇을 좋아하고 어떤 것을 원하는지 이야기할 때마다 부정하고 무시했던 과거와 이별하려고 스무 살이 되자마자 집을 나왔다는 시현. 손에 쥔 것도 없이 낯선 길에서 지내는 게 두려워도 '여자를 좋아하는 여자', 성별이분법적 '남자 혹은 여자로 정체화하기 모호한 사람'인 걸 검열하고 억압하는 환경을 더 견딜 수 없었다. 그래서 준비 없이 맨몸으로 길 한복판에 섰다. 굶어 죽기야 하겠느냐 호기를 부렸지만 어디로 가야 할지, 어떻게 살아야 할지 몰라 막막한 시현에게 띵동은 베이스캠프였다. 마음까지 파고드는 섣달 칼바람을 잠깐이나마 피할 수 있는 안식처였다.

야간지원과 주거지원이 어려운 띵동에선 11시에서 21시까지만 머물 수 있었다. 잠잘 곳이 절실한 시현을 생각하면 가슴 쓰린 띵동의 한계였다. "상황 때문에 어쩔 수 없다"는 변명 같은 대안을 내놓으려니 민망했다. 하지만 그는 띵동이 부담을 가질 이유 없다, 지인에게 부탁해도 어렵다면 찜질방이라도 들어갈 요량이라고 덧붙였다. 현재 자신의 상황을 별 설명 없이 이해하고 공감하며 내일을 함께 고민할 수 있다면 그것으로 족하다는 시현이었다. 조금이나마 안정된 잠자리를 제공하고 싶어 쉼터를 백방으로 알아보는 사이 그는 찜질방에 터를 잡고 아르바이트를 얻었다. 안정을 찾을 때까지 띵동을 방문했고 함께 식사하며 일상을 나눴다. 이것저것 걱정 많은 상임 활동가에게 찜질방 아주머니들과 제법 친해져서 밥도 얻어먹는다며 너스레를 떨었다. 그렇게 3개월이 지나자 그동안 모은 아르바이트 급여로 작은 방을 구하고 학원을 다니기 시작했다. 공부를 마친 후엔 작은 회사에서 인턴으로도 일했다. 오롯이 제 힘으로 지내느라 여전히 허덕이지만 누구도 자신을 좌지우지할 수 없어 괜찮다는 그는 해외 취업을 준비할 거라고 덧붙였다. 그것을 마지막으로 시현과는 만나지 못했다.

고단해도 조금씩 달라지는 하루하루에 의미를 부여하던 시현은 지칠지언정 꺾이지 않았다. 함께하려고 노력해도 안 되는 사람들과는 이별했고, 부당한 상황이면 맞서서 바꾸려고 움직였다. 자신을 담지 못하는 환경에는 미련을 두지 않았다. 한 번뿐인 소중한 제 삶을 어떤 순간에도 포기하지 않는 그가 대단했다. '어쩔 수 없다'는 이유로 타협할 수 없는 것과 손을 잡지 않았다. 대신 도전하고 모험했다.

불안을 동력 삼아 미래로 걸었다. 물론 온전히 자립하기엔 터무니없이 자원이 부족한 나이였고 바라보고 달려가는 좌표 또한 불안했다. 그래서 띵동이 필요했을 것이다. 자유로움을 향해 나아가는 길목, 고갈된 에너지를 채우고 좌표를 점검하며 용기마저 덤으로 얻을 수 있는 띵동이라는 베이스캠프에서 나는 시현을 만나 그의 여정을 엿보았다.

자신을 트랜스여성으로 정체화한 열여덟 살의 상민(가명)은 마음이 조급했다. 한시라도 빨리 트랜지션 과정을 시작해야 성별위화감에서 벗어날 수 있기 때문이었다. 2차 성징으로 하루가 다르게 변하는 몸이 불편해 목욕은커녕 거울조차 보기 두려운 지옥에서 벗어나고 싶었다. 남성의 특질은 매 순간 그를 위협했다. 사회에서 '남성' 혹은 '여성'으로 묶어버린 성별이분법적인 특질에 스스로를 가둬놓고 강박적으로 제 몸을 재단했다. 테스토스테론이 온몸을 휘감아 목젖과 목소리와 털과 근육 발달로 이어질까 봐 노심초사했고 조금이라도 달라질 양이면 혐오가 해일처럼 덮쳤다. 결국 자신에게 향한 혐오는 우울과 맞닿았고 이는 자기 자신보다 타인의 시선, 사회의 규범에 스스로를 맞추도록 종용했다. 오로지 남자, 여자로만 구별된 세상은 트랜스젠더 청소년인 상민에게 극심한 불안을 떠안겼다. 제 것이 아닌 불안은 오감을 둔화시켰고, 상민은 자기 고통엔 예민하지만 상황 인식엔 더딘 듯 보였고 결국 고립되고 말았다. 어쩔 수 없는 것들에 갇혀버렸다.

나는 그 밀폐된 어쩔 수 없는 세계에 균열을 내고 싶었다. 그래서 거창하게 건강한 자존감 따위를 상담 목표로 두지 않았다. 그저 상민이 조금 더 세상에 눈을 돌릴 수 있기를 희망했다. 시선 하나만으로도 틈이 생기고 바람이 오갈 것이라고 확신했다. 때문에 오로지 트랜지션에 몰입하려는 상민에게 환기가 될 만한 다른 이야깃거리를 쉬지 않고 실어 날랐다. 부모님이 아들이라고 부르거나 누나, 형 등의 호칭을 사용할 때 '트랜지션도 못하고 평생 이렇게 살겠구나 생각하면 죽고 싶다'고 절망하면, 공감하면서도 초점을 살짝 틀어 부정적인 사고를 멈추게 이끌었다. 화장에 대해 이야기하며 화장법을 알려준다든지 마음에 드는 옷을 찾아보고 어디서 어떻게 구입할 수 있는지 말했다. 좋아하는 연예인이나 원하는 스타일의 사진을 보며 한참을 신나게 떠들기도 했다.

너는 어떤 사람이고 싶니, 어떤 모습이고 싶니, 라고 내가 물으면 상민은 띄엄띄엄 답했다. 그렇게 한소끔 끓어오른 감정이 누그러지면 당장 가능하지 않은 트랜지션을 조망했다. 트랜지션 비용과 트랜지션 기간을 포함하여 주변에서 어떤 지원을 받을 수 있는지, 순차적이고 구체적인 계획도 함께 세웠다. 힘들지만 감당해야 될 게 뭔지 살핀 후 스스로를 보호하려면 주변을 어떻게 꾸려야 하는지, 좋아하는 일과 할 수 있는 일의 접점은 무엇인지, 누구에게 어떤 도움을 청할 것인지 차근차근 밟아나갔다. 현실과 이상 사이에 차례차례 계단을 쌓는 것과 같았다. 분명 쉽지 않을 테지만 그래도 해볼 만한 과정이라는 걸 충분히 설명하는 데 온 힘을 쏟았다. 어쩔 수 없다고 여겨져 세상을 닫아버리고 싶을 때 '맞아, 다른 길이 있다고 했는데'라고 여지를 가지길 바랐다.

내담자가 맞닥뜨리고 겪어낼 미래를 짐작할 수 있어서 가슴이 먹먹할 때마다 내가 청소년 시절에 듣고 싶었던 말들은 무엇이었을까 떠올려보곤 했다. 더듬어 보면 지름길이거나 정답이 아니더라도 힘이 나는 말이 절실했는데 아무도 말을 걸지 않았다. 응원과 위로는 차치하고 관심도 친절도 없었기에 홀로 버텨낼 수밖에 없었다. 그래, 그때 꼭 필요했던 건 지금 이 고통스러운 순간이 영원히 지속될 리 없다는 확신이었다. 지금부터 조금씩 준비하면 네가 바라는 것에 가까워질 것이라고, 그러니 상상하고 꿈꿔보자고, 그때까지 비밀 친구처럼 이 자리에 내가 있을 테니 조금 더 기운을 내자는, 어쩌면 프러포즈 같은 말이었다.

띵동에서 청소년 성소수자를 만나는 일은 그렇게 십 수해를 거슬러 오르는 작업이었다. 세상이 너무 무서워 꿈조차 가지지 못했던 청소년 시절을 다시 만나 시간이 해결해줄 거라 막연히 생각하며 슬쩍 치워둔 상처와 마주하는 경험이기도 했다. 꽁꽁 숨겨뒀다는 사실조차 잊은 억눌렸던 상처가 비슷한 고민, 더 어려운 상황에 놓인 내담자를 만나면서 존재를 드러냈다. 부지불식간에 떠오른 미해결 과제에 놀랐으나 내담자와 나눈 격려와 위로가 자연스럽게 내게로 흘러들었고 나를 안아주었다. 띵동이 아니었더라면, 청소년 성소수자와 만나지 않았다면 그냥 지나쳤을 게 분명한 나는 그로써 성장했고 그렇게 성장한 나는 다시 청소년 성소수자를 만났다.

띵동 상임활동가를 시작할 때 '과거의 나와 같은 사람들 곁에

서서 그들을 돕겠다'고 생각했지만 그것이 내 자신을 위한 일이라는 걸 몰랐다. 비슷한 삶의 궤적을 지닐 수밖에 없는 정체성이라고 여길 뿐, 그들과 내가 과거와 현재 어쩌면 미래까지도 맞물려 있으리라고 상상하지 못했다. 서로의 시간과 경험이 위로와 성장으로 재구성된다는 걸 이제야 깨달았다. 그래서 이렇게 살고 싶지 않으나 다르게 살 방법을 모르는 청소년 성소수자에게 이제 나는 띵동의 문을 두드리라고 자신 있게 말할 수 있다. 우리가 서로 만나는 것이 어쩔 수 없는 것과 맞서는 가장 힘센 방법이다.

띵동 상담 가이드라인 ❼

Q. 고등학교 1학년 트랜스남성? 청소년 F와 상담을 진행 중입니다. 성적이 꽤 좋았던 F가 상담을 시작한 건 무기력 때문입니다. F는 부모님께 커밍아웃을 한 상태이고 트랜지션을 원한다고 했으나 부모님은 반대했습니다. 편견과 혐오를 드러내시지는 않고 지금은 공부에 집중하고 대학 입시가 끝나면 그때 트랜지션을 시작해도 늦지 않다, 트랜스남성으로 살기 위해서는 더 번듯한 대학에 들어가야 한다고 말씀하신다네요. F도 부모님 말씀이 맞는 것 같다고 하는데 이상하게 아무것도 할 수 없답니다.

A. F를 상상해봅니다. 지정성별 여성 트랜스남성인 그는 여성의 몸으로 일상을 지내는 하루하루가 지옥과 같을지도 모릅니다. 트랜지션을 시작하려고 부모님께 커밍아웃을 했다면 2차 성징이 드러나면서부터 확연해지는 여성의 특질에 위화감을 느껴 괴로움을 느꼈을 듯합니다. 젖가슴이 발달하고 골반이 커지는 것은 물론 정기적으로 겪어야 하는 월경 또한 엄청난 스트레스였겠죠. 그런데 부모님은 입시 이후로 트랜지션을 미룬 겁니다. 이 상황에서 F는 낙담했을 거예요. 누군가 여자 청소년으로 자신을 바라보는 것도 참을 수 없는데 자기 스스로도 자신의 몸을 여성으로밖에 인식할 수 없으니 미칠 노릇일 테죠. 즉각적인 욕구에 강하게 집중하고 지연되거나 장벽에 부딪혔을 때 극렬한 반응을 보

일 가능성이 높은 청소년기의 특징을 고려한다면, 이 상황은 절
대 받아들여지기 어렵습니다. 자신의 이름이나 성별표시를 변경
하고 호르몬요법[12]을 시작하거나 수술을 진행하는 게 왜 불가능한
지 납득할 수 없어요. 단 하루도 견디기 어려운데 부모님은 대학
입시 때까지 참으라는 거죠. 그건 공부를 열심히 하고, 대학에 들
어가야 트랜지션을 지원하겠다, 그래야만 네가 트랜스젠더라는
걸 수용하겠다는 일종의 '조건'입니다. 이제 F의 선택지는 하나입
니다. 공부를 열심히 해서 좋은 결과를 거두는 것. 하지만 매일매
일 자기를 부정하느라 지친 F는 도저히 학업에 몰입하기 힘듭니
다. 상황이 이렇게 돌아가면 불안해지겠죠. 부모님이 약속한 트랜
지션이 사라지고 말 테니까요. 우울과 무기력은 사실 현재 F가 처
한 현실의 반영일 뿐입니다. 자발적으로 할 수 있는 게 없고 미래
역시 암울한데 우울하지 않고 무기력하지 않다면 그게 이상한 일
아닐까요. 그래서 이 상황에선 구체적인 계획을 수반한 섬세한 지
지가 필요합니다. F의 현 상태를 F의 시선으로 공감해주고, 당장
은 어렵지만 F가 원하는 성별표현이 가능하도록 고민하고 전략을
세워 실행에 옮겨보는 겁니다. 부모님과 상의해 사춘기를 지연하
는 약물[13] 혹은 차단제를 사용해 성별위화감을 덜 느끼도록 돕는

---

12 호르몬 및 호르몬제 투여는 다른 성별 특성을 발달시키거나 원치 않는 성별 특성의 발달을
    차단한다. 호르몬요법은 많은 사람들의 성별 트랜지션의 일부이며, 건강관리 전문가에 의해
    처방되고 관리되는 경우가 가장 안전하다.

13 호르몬 차단제(GnRH 억제제)를 이용해서 사춘기로 인한 몸의 변화, 2차 성징을 지연시킬
    수 있다. 여성 청소년의 경우 가슴이 발달하거나 엉덩이가 커지지 않으며 난소도 활성화되

것도 방법입니다. 트랜지션을 하지 못하는 기간도 결코 멈춰 있는 게 아니라는 걸 받아들이게 되면 더디 가는 시간이 답답하더라도 좌절하지는 않을 겁니다. 더불어 상위권 성적, 일류대학 등 사회가 인정하는 성취와 상관없이 트랜지션을 포함한 F의 성별정체화가 의미 있는 작업이라는 걸 충분히 나누시길 바랍니다. F 앞에 놓인 모호하고 불확실한 현실을 함께 견디는 게 가장 중요합니다. 그가 미래의 자신과 만날 수 있도록 말입니다.

지 않는다. 남성 청소년은 털이 자라거나 목소리와 뼈가 굵어지지 않는다. 차단제를 복용하지 않으면 지연됐던 출생 시 성별의 사춘기가 몇 개월 내에 시작되고 자연스러운 사춘기 과정이 진행된다. 물론 대부분의 부모는 자녀가 아직 이 문제에 대처할 준비가 되어 있지 않다고 주저하거나 반대한다. 하지만 준비가 되어 있지 않은 것은 부모일 확률이 높다. 사춘기 차단제를 사용하는 개입이 너무 이르다고 생각할 지도 모른다. 그러나 청소년 트랜스젠더에게 가장 해로운 개입은 사춘기이다.(앤드류 솔로몬, 『부모와 다른 아이들 2』, 고기탁 옮김, 열린책들, 2015, 11장 「트랜스젠더」)

띵동을 만난 사람들 ❷
띵동은 왜 존재하는가
—최현정(트라우마치유센터 사회적협동조합 '사람마음' 대표)

띵동과 함께한 지 4년이 되었다고 하네요. 첫 사례 자문 시간에 조금은 긴장한, 진지한 표정을 짓던 초창기 활동가들의 얼굴이 하나하나 떠오릅니다. 그때 우리는 4년이나 젊었지요. 지금보다 10년 정도는 더 젊었을 시절인지도 모릅니다. 제가 있는 트라우마치유센터 사람마음은 띵동의 오랜 친구입니다. 띵동이 상담지원을 시작할 무렵부터, 띵동과 사람마음은 긴밀히 대화하고 협력하면서 띵동이 존재하는 이유를 실천하고, 뒷받침하고자 애썼습니다.

사람마음은 할 일이 많았지만 띵동 자문회의만큼은 매해 결코 빠지지 않고 함께했습니다. 오래 고민하지 않고 늘 매년 하자 했습니다. 띵동은 정말로 중요한 곳이기 때문이었습니다. 띵동 활동가의 힘과 역량을 키우는 데 동참한다는 건 사람마음이 했던 여러 일 중에서 가장 가치 있는 활동 중 하나였습니다.

띵동이 있기에 살아남은, 그래서 살아가는 청소년 성소수자들이 있기 때문입니다. 단 한 명의 청소년 성소수자라도 띵동과 함께 이 세상 보란 듯이 살아나갈 수 있다면, 그것만큼 귀하고 시급한 일은 없을 것입니다. 띵동은 그렇게 어둡고, 열악하고, 부서진 세계에서 헤매던 청소년 성소수자들이 볕 들고, 단단하고, 아무렇지 않은 평범한 세계로 건너가도록 징검다리가 되어주는 곳입니다. 위기에서 혼자 힘들어하는 청소년 성소수자가 살포시 밟아주면 좋은 곳. 그래서 지난 몇 년 간 그런 실천을 하는 띵동 활동가들의 고민, 시행착오, 도전 그리고 보람을 함께 느끼고 지켜보는 일은 사람마음에게도 값지고 소중한 경험이었습니다.

청소년들의 경험, 더군다나 청소년 성소수자의 경험은 부정당하고 묻히기 쉬워서 이들과 함께하는 비청소년 활동가라면 아주 섬세하게 자신의 가치관과 행동을 조율하고 성찰할 수 있는 능력이 필요합니다. 내 마음처럼 느끼고 씨름해야만 가장 근접하게 청소년의 마음에 닿는 지원을 할 수 있다는 뜻입니다. 소위 '어른'인 '청소년 상담가'가 이걸 한다는 건 매일매일 거울을 닦고 그 앞에서 열두 시간씩 기도하는 일과 같을 겁니다. 많은 비청소년 활동가가 청소년을 지원하는 일을 한다고 할 때, 말로는 청소년의 자율성과 역량 강화를 위해 일한다고 하지만 실제 말과 일치하는 실천을 하는 건 보통 일이 아닙니다. '어른'이 되면 본인이 두렵고 막막해지기 시작하면 상대를 통제하고, 틀렸다 하고, 의사결정 과정을 장악하려 들기 쉬운 까닭입니다.

띵동의 실천이 유독 빛나는 이유는, 정체성을 탐색하고 키워나갈 힘이 청소년에게 있다고 믿고, 그 믿음을 실현하는 과정에서 때로 벌어지는 두렵고 막막하고 아슬아슬한 마음을 감내해왔기 때문입니다. 띵동의 청소년 내담자들은 누가 누구를 좋아한다는 이야기에서부터 생이 얼마나 처참한지 그래서 왜 생을 끝내야만 하는지에 관한 고통을 이야기합니다. 더 넉넉한 삶을 꿈꾸지 못하고 학대받는 삶에 가둬지고 마는 현실을 자꾸만 보여줄 때도 있습니다. 먹고 자는 일조차 버거운 청소년을 만난다는 건 고통스러운 일입니다. 밤낮으로 이를 감당하는 띵동 활동가들은 그 이야기 속에서 두려움과 상처를 느끼기도 합니다. 때로는 본인 모습과도 같은 청소년의 상처에 사무쳐합니다. 그럼에도 띵동 활동가들은 이를 견디고, 추스르고, 보다 단단한 목소리로 청소년과 대화 나누기 위해 언제나 다시 나섰습니다. 청소년 성소수자의 고통을 마다않고 함께 느꼈기에, 엄연히 존재하는 이들의 고통을 부정하지 않았기에, 무엇이 옳다 그르다 훈계하지 않았기에, 가장 가까이에서 온전한 버팀목이 되어주었습니다.

우리의 자문회의는 이를 버티는 과정에서 생길 수밖에 없는 활동가들의 떨림과 울음으로 범벅이 되다가, 마음 다잡고 직시하며 끝나곤 했습니다. 두려워도 틀렸다 말하지 않기, 무섭지만 공감하기, 때로는 용감하게 함께 눈물 흘리기, 청소년이 결정할 때까지 오롯이 기다리기, 다만 그 결정을 내릴 때까지 안전하게 있도록 대비하기, 오직 한 사람을 위해서라도 온갖 자원을 마련해놓기, 오직 한 사람을 위해 어디라도 달려가기, 화가 나도 인간 대 인간으로 공정하게 대화하기. 그동안 띵동 활동가들이 해온 연습입니다. 띵동에서 하는 수많은 유익한 활동이 지속될 수 있었던 이유는 활동가들이 끝없이 고민하고 마음을 연마하는 과정이 있었기 때문일 겁니다.

띵동의 자문을 맡으면서, 물론 띵동이 두려워하고 헤매는 모습도 보았습니다. 무언가를 용기 있게 해내지 못해 속상한 상황도 있었습니다. 힘이 없는 사람이 있는 곳, 소수자가 있는 곳, 안 보이는 곳, 자원이 없는 곳, 위기가 언제나 닥치는 곳, 사회의 부조리가 고이는 곳에서는 때로 예상치 못한 일들이 벌어집니다. 띵동에게도 그런 일들이 벌어진 적이 있었습니다. 마음에 품기에는 버거운, 마치 두 개의 묵직한 검이 날카롭게 부딪치며 마음을 헤집는 듯한 상황을 활동가들이 품어야 했습니다. 고통과 폭력, 소수자의 외침, 그리고 부족할 수밖에 없는 인간이 있는 곳에서 벌어지는 그런 일이었습니다. 그것을 겪고 띵동은 다시 지금 여기에 있습니다.

띵동 활동가들은 혼란스러울 때마다 늘 "띵동은 왜 존재하는가"의 질문으로 돌아갔습니다. 하루에 백 번이고 활동가들은 띵동은 왜 존재하는가라는 질문을 던지며 띵동을 이끌어왔고 여전히 우리 옆에 있습니다. 다행입니다. 저 역시 띵동이 존재해야 하는 이유를 질문해봅니다. 그러면 자기만의 멋진 성별표현을 한 누군가가 아주 활짝 미소 짓는 얼굴이 떠오릅니다. 성소수자가 청소년 시기를 그가 존엄한 그대로 살아갈 수 있어야 하는 이유, 그의 존엄이 혐오와 폭력에 물들어 죽음에 내몰리지 않아야 하는 당연한 이유. 그가 이렇게 마음 편히 웃으면서 살아가는 세상이 당연한 세상 아닌가 하는 이유. 그래서 그 십대가 더 나이를 먹고도 자기 자신이어서 행복한 이십 대, 삼십 대, 혹은 칠십 대, 팔십 대가 되는 세상이 당연하다는 이유.

3 닫힌 거리,
열린 플랫폼

함께 걷기: 엑시트¹×띵동 대담

은찬 띵동 전신이 무지개청소년세이프스페이스 프로젝트였잖아요.
한참 준비 중인 2014년에 프로젝트 참여단체 중 하나인 동인련
으로 엑시트가 기관방문을 왔어요. 역량강화 차원이었죠. 엑시
트와 만난 건 그때가 처음이었네요.

나경² 맞아요. 엑시트가 월초마다 기관방문을 했는데 그때 처음 봤네요.

은찬 엑시트도 동인련에 와서 무지개청소년세이프스페이스 프로젝
트를 알게 됐고, 그렇게 서로 인연을 맺었죠.

인성³ 청소년을 만나는 장소인 엑시트 버스에 청소년 성소수자들이
많이 왔었는데도 제 감수성이 낮았거든요. 그래서 변미혜 대장

---

1 거리의 청소년들이 거리에서 일어나는 다양한 위기 상황에 대처하여 건강하게 자립하고, 사회
적 구성원으로서 주체성을 발휘해 살아갈 수 있도록, 버스를 중심으로 지역사회와 함께 청소
년 인권이 보장되는 환경을 만들고자 노력하는 단체이다. 정식 이름은 '움직이는 청소년센터
EXIT'이고, 사단법인 들꽃청소년세상이 운영하고 있다.
2 엑시트 전 상임활동가.
3 엑시트 현 상임활동가.

(전 엑시트 활동가, 현 '함께 걷는 아이들' 청소년팀 팀장)한테 왜 성소수자 관련기관을 방문하느냐고 물어봤어요. 대장은 모든 사람들이 잘 살 수 있기를 바라고, 좋은 사람들을 만나고 싶다는 고민을 가지고 있었고, 이곳저곳 기웃거리다 동인련으로 기관방문을 가게 되었다고 하더라고요.

나경 게이 친구들도 있었지만 저는 레즈비언 청소년들을 많이 만났어요. 여성 선생님이 많으니까 레즈비언 청소년한테 좀 더 개입할 여지가 컸죠. 한번은 이 친구들이 쉼터에서 계속 거부당하는 경험을 저희에게 스피커폰으로 들려줬는데, 기분이 정말 안 좋았어요. 그래서 우리가 쉼터 하나 만들자고 했는데 저희 역량으로는 너무 힘들더라고요. 가장 시급하고 필요한 일시쉼터는 우리 역량으로 할 수 없고, 그래도 재울 수 있는 공간 정도는 대여할 수 있지 않을까 하고 앨리스 집(청소년자립팸)을 염두에 둘 때였어요. 동인련에서 뭘 한대요. 청소년 성소수자 일시쉼터 같은 거라기에 하면 참 좋겠다 싶었죠. 어떻게든 되게 해야 한다 생각하던 즈음 엑시트 사무실에서 민석과 은찬을 만났고 그들에게서 왜 띵동을 만들고 싶은지 들었어요. 그때 드는 생각은 "이거 꼭 필요하다", "우리 꼭 만들어요!" 그거 하나였어요.

내가 만난 거리의 청소년 성소수자들

나경 저는 단기쉼터에서 거리이동상담을 처음 시작했어요. 여자 단기쉼터였는데 기독교 재단 배경이 있고, 혐오라고까지 할 수는 없지만 그 시절엔 올드한 사람들이 많았죠. 제가 숙직 근무할 때였는데 한번은 레즈비언 커플이 왔어요. "우리 둘이 같이 자도 돼요?" 묻더군요. "자고 싶으면 자" 그랬죠. 새벽에 그 친구가 저한테 와서 다른 쉼터에서 있었던 일을 얘기해주더라고요. 자기들이 같이 자기만 하면 성적 행위를 할 것처럼 말하고 변태로 보는 것 같아 기분 나빴는데, 내가 같이 자도 된다고 해서 고맙다고요. 그런데 내일 다른 선생님들한테 혼날지도 모르는데 괜찮겠느냐고. 제가 인턴인 걸 알고 저를 걱정해준 거예요. 그러고는 "우리 진짜 같이 자도 되겠어요?" 물어요. 그래서 제가 "내일 아침 선생님들 오기 전에 깨워줄 테니 일찍 일어나"라고 했거든요. 그때 제가 스물두 살이었는데 나이를 먹으면 먹을수록 후회가 돼요. 왜 선생님들한테 이거 이상하지 않나요, 말하지 못했을까. 친한 다른 숙직 선생님한테 그거 이상해요, 라고 말할 수 있었는데 그러지 못했어요. 부조리한 상황도 '저건 저 선생님 스타일이니까' 하고 그냥 넘어가고, 애들한테만 "네가 참아" 하는 식의 얘기 진짜 많이 했거든요. 그런 것들이 부채감으로 남아 있었어요.

거리이동상담하면서 만났던 친구들 중 본인의 정체성을 말해준 레즈비언 친구들은 참 서럽게 자신의 경험을 이야기했어요. "그들이 나한테 이렇게 했어요." 그런데 난 한마디도 못했어요. 오고 싶다고 전화한 게이 청소년들한테 여기 못 온다고 말하면서 막 욕하라고 해요. 욕을 들으면 차라리 시원하니까. 저 편하자고 그러는 거죠. 그 친구들은 알고 있어요, 쉼터 선생님들이 어떤지. 이미 많이 가봤으니까요. "네가 게이라서 안 돼"라고는 말하지 않지만 분위기나 말투로 안 받아준다는 느낌을 금방 알아챌 수 있어요. 서비스가 아주 좋지 않은 이상 쉼터가 꽉 차는 경우는 없거든요. 대부분의 쉼터는 이 청소년들을 받을 수 있어요. 그런데 말도 되지 않는 이유로 꽉 찼다고 거부하죠. 그러면 이들은 "더러워서 안 가" 그러고 말아요.

심지어 어떤 쉼터에서는 여성 청소년 성소수자한테 손잡고 기도해주겠다고 했대요. 너희를 위해 기도해준다는 걸 아, 괜찮아요, 하고 뿌리치고 왔다는 거예요. 쉼터에서 본인이 전혀 원하지 않는 방식으로 케어하거나 상담 연결하는 사례들도 있죠. 청소년 성소수자 대부분은 갈 데가 없어서 매일매일 어디에서 보내야 할지 고민하고, 새벽 네 시, 여섯 시 될 때까지 같이 기다렸다가 찜질방 끊어주고 그랬던 적이 많아요. 그래서 땅동이, 땅동과 함께 활동하는 게 좋았어요.

은찬 엑시트는 다른 기관과 다르게 느껴졌어요. 엑시트에 와서 커밍아웃하는 친구들도 있었고, 커밍아웃에 별 의미를 두지 않고 오늘 뭐 먹었어, 가볍게 얘기하는 친구들도 있었고, 숨기는데 숨겨지지 않는 친구들도 있고 다 섞여 있었죠. 수용하고 수용받는 건 굳이 검열하지 않아도 되는 자연스러운 상황인데, 엑시트에서 그걸 경험하기를 바랐죠.

인성 거절당한 경험이 있는 청소년들이 마음을 털어놓을 수 있었던

건 인권 감수성 있는 활동가들이 중심이 되어주었기 때문인 것
같아요. 변미혜 대장이나 이나경 선생님 같은 기존 선임활동가
들은 청소년 성소수자에 대한 감수성이 있었고, 그에 대해 활
동가들에게 계속 질문했어요. 활동가들 중에는 받아들이지 못
하거나, 인지하지 못하거나, 대하는 것조차 아예 기본개념이
없는 이들도 있었으니까요. 띵동과 함께하면서 저희들의 감수
성이 올라가고 배우고 공부하면서 달라졌어요. 버스가 완전히
안전한 공간이라고는 말할 수 없지만, 그래도 '이 사람들은 다
르네' 하는 느낌을 받으면서 친구들을 데려오기도 했고요. 띵
동을 만나고 난 이후에 엑시트의 모든 활동가들이 성소수자 이
슈를 자연스럽게 이야기할 수 있었던 것 같아요. 더 오픈되기
도 했고요.

나경 저희 엑시트의 두 가지 주요 골자가 '청소년 직접지원'과 '자원
활동가 지원'이에요. 사회가 변하지 않는다면 청소년 성소수자
주변인들이 바뀌어서 "너는 매우 소중해!"라고 반복해서 말해
야 되거든요. 그래서 우리에겐 자원활동가 교육이 매우 중요한
데, 동기부여 될 만한 게 없어서 매번 답답하고 속상했어요. 그
런데 띵동이 합류한 거예요. 그러니까 자원활동가에게도 동기
부여가 되더라고요. '내가 띵동 자원활동가에게 실수하지 않으
려면 어떻게 해야 하지?' 이런 마음이 생기니까요. 자기 자신
과 관계가 생긴 거죠. 비성소수자 청소년 교육도 마찬가지였어
요. 우리가 만나는 청소년 성소수자들이 이곳이 안전한 공간이

라고 생각할 수 있으려면 비성소수자 청소년들이 비난하거나 혐오발언을 하지 않는 게 중요하잖아요. 그런데 띵동이 자원활동가로 들어오니까 달라진 거죠. 은찬과 에디가 스스로 기꺼이 도구가 되어준 거예요.

인성 띵동이 옴으로써 버스 공간뿐만 아니라, 활동가들의 삶에도 엄청나게 큰 변화가 일어났어요. 들꽃법인에 성소수자 이슈 제안도 하고 다른 선생님들한테도 이야기할 수 있게 되면서 대화의 폭이 넓어진 거죠. 저는 성소수자 이슈에 대해서 적극적으로 말하는 사람은 아니었어요. 무서웠거든요. 들은 바로는 퀴어문화축제 갔다고 항의 전화를 미친 듯이 받고 막 공격당한다는데 괜찮을까, 뭐 그런 불안 때문이었죠. 그런데 은찬이나 에디가 제 동료이자 친구로 곁에 서니까 그 상황에서 가만히 있으면 안 되겠더라고요. 제가 다니는 교회에서 퀴어문화축제 이슈가 나올 때 교인들에게 한번 가보라고 얘기했어요. 내가 퀴어퍼레이드에 갔다 왔는데 다 너희의 편견이고, 잘못 알고 있는 것이라고 하니까 분위기가 싸해지더라고요. 그 뒤로 저는 교회에 못 가게 됐지만 후회하진 않아요. 엑시트 버스에 오는 청소년들에게도 퀴어 퍼레이드 가볼까 얘기하게 됐고요. 지난번엔 부스 활동도 했잖아요. 저는 물론이고 저희 활동 범위가 넓어졌다고 생각했어요.

움직이는 청소년센터 EXIT

거리이동상담의 고수, 엑시트를 찾다

은찬 2014년 하반기에 아름다운재단 사업지원이 확정되고 구글 지원이 들어오니까 독립적인 사무실 운영과 상임활동가 채용이 가능해졌어요. 원래는 2014년 하반기부터 거리이동상담을 시작하려고 계획했는데, 무작정 할 게 아니라 오랫동안 활동한 엑시트에서 배워야겠다는 생각이 들었어요. 엑시트는 매년 한 번 자원활동가 정기교육을 하고 다달이 세미교육을 하는데, 2014년 11월 세미교육에 참석했죠. 2015년부터 엑시트와 결합해 목요일에 에디와 신림에 갔어요.

에디 문을 열고 들어간 그 순간부터 선명하게 기억나요. 우리에겐 띵 동에서 왔다는 타이틀이 붙잖아요. 굳이 커밍아웃하려고 하지 않아도 성별정체성과 성적지향에 초점이 맞춰지더라고요. 물론 엑시트에 오는 모든 청소년에게 정체성을 밝히는 건 다른 부분이었지만. 그래도 항상 고민했던 지점이죠. 띵동에서 왔으니까 커밍아웃이 옵션, 부가서비스 같은 느낌도 있었고요. 한데 그건 우리를 지키는 일은 아니잖아요. 우리가 엑시트에서 만나게 될 청소년들의 다듬어지지 않은 질문을 온전히 버텨야 하는 거니까. 게다가 우리는 활동가로 왔기 때문에 좋게 좋게 넘어가야 하고요. 항상 고민했어요. 나를 지키면서도 '띵동'이라는 색깔을 알려야 하고, 활동 내내 답을 찾는 과정이 있었던 것 같아요.

은찬 2015년 2월 5일에 맨 처음 엑시트 활동을 시작했네요. 저는 첫날은 잘 기억이 안 나요. 그때 같이했던 자원활동가들이 기억에 남고요. 저희는 배우려고 그리고 역량강화 형식으로 간 것이기 때문에 처음에 어떻게 세팅하고, 활동가들이 회의를 어떻게 준비하고, 자원활동가들에게 어떤 역할을 부여하고, 위기 상황이나 돌발 상황에 어떻게 대처하는지, 신림 지역 청소년들을 만나기 위해서 패트롤 활동을 어떻게 하는지, 평가회의를 어떻게 하는지 이런 것들을 전반적으로 파악하고 들으려고 했어요.

에디 우리는 엑시트의 거리이동상담을 보고 배워오는 입장이잖아요. 처음에 갔을 때 엑시트에 오는 비성소수자 청소년을 만날 준비는 사실 잘 안 돼 있었어요. 엑시트에 오는 비성소수자 청소년의 표현은 야생에서 살아남기 위한 생존수단 중 하나예요. 거리에서 생활하는 친구들에게 예의를 기대하기란 쉽지 않잖아요. 엑시트에서 배우기 위해 집중하는 긴장과 엑시트 선생님들이 띵동에 기대하던 바들이 분명히 있었고, 서로 윈윈할 수 있는 것들에 대한 긴장감이 있었어요. 띵동이 꾸려지고 한 달 뒤에 합류한 터라 청소년 성소수자들을 만날 준비도 탄탄하게 되어 있지 않은 상태였으니 모든 게 처음인 그날은 정말 굉장했죠.

은찬 띵동에 오는 청소년들은 마지막에 항상 고맙다는 말을 많이 해요. 이들은 도움이 필요하기 때문에 알아서 찾아오는 거잖아요. 그러니까 관계 증진을 위해 더 많은 말을 할 필요라든가 부담은 덜하죠. 엑시트와 띵동 기관의 성격은 비슷하지만 다른 지점이라고 생각해요. 우리는 의식주뿐만 아니라 사회에서 입는 편견과 어려움을 이야기할 수 있다면, 엑시트는 생존의 느낌이 훨씬 강했어요. 청소년 성소수자를 만나는 과정에서 활동가로서 편하지만 안타까운 부분인 것 같아요. 엑시트에서는 청소년 친구들을 만나면 내가 먼저 말 걸고, 내가 이이의 마음에 들 때까지 뭔가를 해야 해요. 무슨 오디션 프로그램처럼(웃음) 내가 뭔가 해야지 마음을 여는 거예요.

에디 활동 끝내고 회의를 하는데, 같은 일을 한다고 해도 그걸 바라보는 관점은 다르잖아요. 몸은 너무 힘들었지만 나의 모난 부분들을 깎아내는 시기였던 것 같아요. 정말 설전이 벌어지거든요. 엑시트 거리이동상담 끝나고 나면 다 털어내고 정리하고 사례회의 하고 자기 사례 얘기하고, 물음표 뜬 것을 서로 얘기해주고… 이게 되게 좋았던 시간이었어요. 엑시트는 정말 살아 있는 단체구나 느껴졌죠.

은찬 다년간의 노하우를 배우고 역량강화를 위해 엑시트 활동을 하긴 했지만 그건 서류상의 목표였고요. 돌아보면 가장 인상적인 건 '환대'였어요. 어디 가서 성소수자라고 해서 까인 경험도 많은데 엑시트가 먼저 다가와줘서 기뻤어요. 저는 띵동 활동 이전에 다녔던 회사에서도 커밍아웃을 하고 들어갔고 그분들도 따뜻하게 잘해줬는데 엑시트 역시도 그랬어요. 살면서 비성소수자에게 벽을 치고, 신뢰하지 않고, 신뢰해도 상처받은 경험들이 있으니까 마음 주고 싶지 않은 면이 있었는데 그것도 어찌 보면 편견이라고 생각하는 계기가 된 거죠.

에디 정말 동의해요. 은찬 선생님은 경력이 많으니까 비성소수자 기관에 익숙할지 몰라도, 저는 처음이었으니까 신뢰가 없었어요. 그 마음에 균열을 준 게 엑시트 활동 경험이었어요. 엑시트 활동가들을 만나고 바뀌었어요. 가능하구나, 그림이 그려지는구나. 특히 저처럼 배우는 입장에서는 엑시트를 통해서 강의도 하게 되고, 다른 비성소수자 관련 기관 담당자를 만날 때도 의심과 걱정이 많이 사라졌죠. 엑시트에서 활동가로서 존중받았고 인정받는 느낌이 들었어요.

나경 띵동이 우리에게 조언을 얻고 역량강화하러 왔었다는 얘기를 들으니 좀 민망해지네요. 은찬과 에디가 얘기할 때 그거 아닌데, 라고 계속 말하고 싶었어요. 몰랐겠지만, 제가 몸이 안 좋은데도 거리이동상담을 계속 할 수 있었던 이유는 띵동 사람들이 왔기 때문이었어요. 아, 동지가 생겼다! 내 입장에서는 비빌 언덕이 하나 더 생겼다, 그거였어요. 그래서 처음부터 막 이거 해줘, 저거 해줘, 요구했어요. 그래서 미안해요. 은찬과 에디를 교육도구로 활용했던 부분들이 당신들을 힘들게 했을 수 있겠구나 생각하니 부끄럽고요. 띵동과 함께한 것은 연대활동이었고, 협업이었으며 터를 같이 쓰는 경험이었으니까요. 다시 돌아봐도 은찬과 에디를 비롯한 띵동은 엑시트의 파트너이자 동지였어요.

'퀴어'라는 특이점, 무엇을 변화시키는가

에디 엑시트의 변화가 우리에게도 좋은 거잖아요. 교육도구라는 말의 속뜻을 아니까 마음 쓰지 말고요. 그러니까 생각나요. 엑시트에 온 청소년들과 대화하면서 저는, 물어보면 숨기진 않았어요. 공격의 대상이 되지는 않지만, 이들이 무신경하게 내뱉을 수 있는 혐오들이 있잖아요. "남자였었어요?", "수술했어요?" 같은 정제되지 않은, 악의 없는 순진함이 묻어 있는 짓궂음이 랄까. 신기한 느낌으로 "저 선생님 트랜스젠더야"라고 자기 옆 친구한테 얘기하고 있고요.

엑시트 활동 중반기 즈음이었는데 ○○가 크게 "선생님 트랜스젠더예요?" 물었어요. 순간 정적이 흘렀죠. 엑시트에 가면 이상하게 내 옆에 성소수자 청소년들이 모이는데 그들도 놀랐어요. 당황스럽긴 했는데 유연하게 대처해야 하니 이렇게 답했죠. "뭐 같아?" 그런데도 계속 질문하는 거예요. "선생님 목소리가 남자 같아요. 선생님 수술했어요?" 어떻게 할까 고민하다 다음에 얘기하자고 했어요. 그런데도 멈추지 않더라고요. 그 상황에서 내가 가장 신경 쓰였던 건 활동가 선생님들이었어요. 상처받았으면 어떡하지? 한 선생님이 눈이 동그래져서 안절부절 못하고 계셨고요. 상황을 정리하는 게 중요하니 "그건 내 개인적인 얘기니까 네가 그렇게 크게 얘기하면 선생님이 당황스러울 수 있어. 그러니까 다음에 일대일로 얘기해보자. 궁금한 거 다 말해줄게" 하면서 웃으며 넘겼어요. 사실 마음이 복잡했어요. 제대로 대응한 건지도 모르겠고. 그런데 활동 끝나고 돌아갈 때 그 무리에 있던 이들이 뭐라고 했는지 눈치 없이 질문하던 그 청소년이 제게 와서 사과를 하더라고요. 뭔지 모를 뿌듯함에 신기했어요. 이게 내 역할인가 하는 생각도 들고, 그렇다면 내가 말하고 다녀야 하나, 써 붙이고 다녀야 하나, 여러 생각이 들었어요. 그다음부터 그 친구가 얘기할 때도 마주할 때도 조심하는 게 느껴지고 일부러 와서 인사하는 것을 보며 보람을 느끼기도 했고요.

나경 그런 경험들이 쌓여서 ○○과 에디가 친해진 걸 보고 신기했어요. 사실 ○○는 친해지기 어렵다고 생각되는 사람이었어요. 처음 왔을 때부터 어렵겠구나, 밥이라도 잘 먹어줬으면 좋겠다고 생각했는데 지금은 사무실 인턴 자리에 ○○자리라고 써놓고 갈 정도로 엑시트에도 엄청난 신뢰가 생겼어요.

은찬 진짜 달라졌어요. 어느 순간부터 훅 들어왔어요.

인성 이런 역사와 경험 덕분에 신뢰가 쌓였고, 은찬과 에디가 떠난 이후에도 비성소수자 청소년이 성소수자 친구를 데리고 와서 "에디 어딨어요?", "은찬 어딨어요?" 묻곤 했어요. 간간이 오던 청소년들이 자연스럽게 띵동 이야기를 하기도 했고요. 띵동 활동가들이 있을 때는 그 안에서 우리의 역할과 우리가 해야 할 일들이 자연스럽게 생겨났지만, 띵동 활동가가 없을 땐 우리 스스로 청소년 성소수자 친화적인 공간을 만들기 위해 노력해야 하는구나 알겠더라고요. 시각적으로 표현할 게 없을까 생각하다 무지개 깃발을 급하게 프린트해서 뽑은 것도 그래서였어요.

나경　자기가 생각해도 무례하고 잘못했는데 저 사람이 이렇게 받아주는구나, 내가 믿고 의지할 수 있는 곳이겠다, 하는 신뢰가 공간에 대한 경계를 풀고 다르게 살아볼까 돌아서게 만든 씨앗이 되지 않았나 싶어요.

인성　엑시트 활동을 하면서도 느꼈던 부분이고, 띵동과 함께하면서 느꼈던 건 자유였어요. 사회에서 요구하는 틀이 있잖아요. 나는 그 틀에 맞춰진 사람도 아니고 그 틀을 따라가지도 못하는 사람인데 그렇게 해야 하나. 저는 띵동을 만나면서 모든 게 열려 있구나 하는 자유와 해방의 느낌을 받았고, 그것이 제 삶을 변화하게 했어요.

나경　활동가들만큼 청소년이 변하기도 해요. 청소년들은 처음 퀴어에 대한 낯선 용어를 알게 되면 뭔가 알게 됐다는 뿌듯함을 가지더라고요. "너네 퀴어가 뭔지 알아?" 막 자랑스럽게 말하고 나중에는 누가 와서 "여기 게이 형 어디 있어요, 게이 형?" 이러면 "너 그거 아웃팅이야" 지적해주기도 해요. 자신이 얘기하는 것이 얼마나 정의롭고 옳은 것인지 얘기하면서 매우 귀중한 존재로 스스로를 정의하는 모습도 봤어요. 엑시트가 만나는 청소년 중에서도 자존감이 정말 낮은 친구가 있었거든요. 누굴 만나도 앞에 나가서 얘기도 못하고 자기 이름도 말 못하고 누군가 대신 말해줘야 하는 친구였는데, 그이가 자기 언어로 자기가 이성애자인지 양성애자인지는 중요하지 않다고 얘기하는 걸 들으니 놀라웠어요. 지금은 엄청 활발하고 뭐든지 도전해보려고 하는 친구가 됐어요. 띵동을 만나면서, 다른 문화를 경험하며 자기 자신이 소중하다는 것을 깨닫기도 하는구나, 목도했어요.

인성 활동가들 정기교육을 할 때마다 묶는 몇 가지 카테고리가 있는데요. '성매매, 성소수자, 가출'이에요. 노동권이 들어갈 때도 있고 정치·사회·문화가 청소년들에게 어떤 영향을 미치는지 그해의 중요한 이슈들을 담아서 짤 때도 있고요. 그래도 꼭 들어가는 세 가지는 '가출, 성매매, 성소수자' 친구들이죠. 매번 밥 먹을 때 자기는 퀴어문화축제도 가봤지만 정말 별로라는 활동가들이 있어요. 어떻게 꼭 한 명씩 있어요. 그러면 밥 먹는 것도 포기하고 활동가들이 붙어서 "선생님 저희랑 다시 한 번 가보자, 선생님이 딱 그것만 보고 나온 것일 수도 있다, 꼭 같이 가보자"고 얘기해요. 이이는 자원활동을 계속 오면서 자신이 그때 말했던 게 부끄러운 건가, 자기검열을 시작하는 거예요. 그러면서도 자기 뜻을 쉽게 굽히진 않아요. "퀴어문화축제는 별로지만 내가 성소수자 청소년을 색안경 끼고 바라보지는 않을 것이기에 괜찮다, 나는 교육학을 전공했다!" 그러셨죠. 그분을 설득하고 설득해서 그해 퀴어문화축제에 함께 갔어요. 퍼레이드도 같이 하고 무지개 문신도 하고요. 그러고 나서 퀴어 나쁜 거 아니라면서 성소수자 언어를 적극적으로 자신의 입으로 얘기할 때 엄청난 효과라는 생각이 들었어요. 현장에서 친구들을 계속 만나는 것, 그 사람에게 친구가 되어주는 것이 얼마나 중요한지, 그래야 안 보고자 했던 것을 볼 수 있는 힘이 생긴다는 것을 확신하는 계기였죠.

에디 새로운 활동가들이 계속 와요. 처음에는 물어보지 못하지만 시간이 지나면서 자기 기관에서 목격했던 혐오 반응들에 분노하게 되죠. 그 순간 말 못한 게 너무 화가 난다고요. 그런 사람들이 많으면 분위기를 만들 수 있고 그러면 시작될 수 있는 거잖아요.

거리에서 만나 내일을 걷다

은찬 1년 엑시트 활동하고 저희도 2016년 4월에 띵동포차를 시작했어요. 처음 시작할 때 우리는 버스가 없고, 엑시트는 버스가 있었죠. 이미 달랐어요. 버스가 있고 없고가 중요한 게, 버스는 이미지잖아요. '밥차'라고도 불리지만 이미지가 있는데, 띵동의 장소는 아무리 해도 이미지로는 그려지진 않는 뭔가 이상한 장소인 거예요. 그 이미지를 어떻게 각인시킬까, 그건 여전히 과제이고 고민 지점이에요. 엑시트는 거리를 통해서 친구들을 만나죠. 예를 들어 신림에 가면 신림에 사는 청소년들만 만나는 건 아니지만, 신림에 거주하거나 생활하거나 자주 놀러오거나 학교를 다니는 지역 중심의 청소년들을 만나요. 반면 우리가 종로구 낙원동을 선택한 건 그곳에 어쨌든 성소수자 업소들이 많이 있기 때문이에요. 과거엔 신공이 있었지만 신공이 없어지고 여성청소년 동성애자들은 오프라인 모임이 사라져버렸고, 종로 지역은 청소년을 포함해 어쨌든 게이 문화가 형성된 곳이라 낙원동을 잡아보자 한 것이죠. 저희도 처음에 소문이 안 났을 때는 띵동포차 열면 열두 명, 열네 명, 그나마 찾아온 80퍼센트가 종로나 낙원동과 관계없는 친구들이었어요. 띵동식당이나 상담을 경험해본 청소년들이 띵동포차를 방문하곤 했죠.

에디 엑시트와 차이가 있다면, 우리는 진짜 백퍼센트 일부러 찾아와요. 띵동을 오기 위해 종로에 오는 거예요. 엑시트는 보통 신림을 베이스로 그곳 사람들이 만나고요. 우리는 띵동포차를 오기 위해 부산에서 올라와서 계획을 짜는 거죠. 하나 있는 띵동 그곳에 오기 위해, 그것에 닿기 위해.

은찬 패트롤도 달라요. 신림에서 할 때는 청소년들이 모이는 데가 한정적이잖아요. 노래방, PC방, 담배 피우는 곳, 오락실 등. 우리 청소년들은 그런 데도 안 가요. 엑시트는 청소년인지 아닌지만 보면 되는데, 우리는 청소년인지 비청소년인지도 봐야 하고, 성소수자인지 비성소수자인지도 봐야 하고 교집합에서 찾아야 해요. "청소년이세요?" 청소년은 맞대요. 그러면 "성소수자세요?" 물어보면 "성소수자가 뭐예요?" 그러면 탈락, 안녕히 가세요. 정말 많은 시행착오가 있었어요. 처음에 뭐라고 물어봐야 하지? 몇 달에 걸쳐 토론했어요. 지금은 워낙 띵동을 많이 아니까 "띵동 알아요?" 물어보죠.

에디 우리가 조심해야 하는 조건들이 있으니까 나는 어떻게 했느냐면, 일단 띵동을 말해줘요. 청소년이라고 생각하지 않고 퀴어라고도 가정하지 않고요. 저희는 띵동이라는 청소년기관인데, 주변에 이런 사람들이 있으면 띵동을 소개해달라고요.

은찬 시스템은 엑시트와 비슷해요. 만나면 자원활동가들과 같이 밥 먹고 세팅하고 회의하고 끝나면 평가회의 겸 사례회의하고 활동이 마무리되죠. 엑시트를 경험하지 않았더라면 우여곡절이 더 많았을 거예요. 엑시트를 겪고 띵동포차를 열었을 때 몇 달 동안 잘 안 됐어요. 나름 시스템을 굳히고 홍보를 많이 했는데도 말예요. 물론 열 명도 많이 온 거죠. 그런데 그 당시 엑시트는 80명, 축제하면 100명 왔잖아요. 기본이 40~50명이었죠. 그만큼은 기대하지 않았어도 새로운 인원이 유입되지 않아서 우리가 잘하고 있나 물음표가 있었어요. 음, 엑시트와 사무실이 조금 더 가까웠으면 더 많은 것을 할 수 있을 텐데 아쉬워요.

인성 맞아요. 그래도 같은 공간에 있지 않더라도 우린 떼려야 뗄 수 없구나 생각해요.

나경 조금 더 만나면 좋을 것 같아요. 두 기관 모두 청소년들을 엄청 많이 만나고 있잖아요. 청소년이든 성인이든 누구든 괴로운 시기를 견뎌낼 때가 있는데, 한 존재가 그 시기를 견뎌내는 것을 한 사람 또는 한 기관이 온전히 받아내기는 너무 힘든 것 같아요. 그런데 믿을 수 있는 기관, 나와 파트너 맺은 기관이 있다는 게 좋은 건 이이가 너무 힘들 때 토스할 수 있는 것, 얘가 싫어서 집어던지는 토스가 아니라 그곳에 가면 이 친구가 좋은 시간 보낼 수 있을 거야, 이 기관에 보내면 욕은 덜 먹을 거야, 애정 어린 말 한 마디라도 들으면서 그래도 따뜻한 밥 한 끼는 얻어먹겠지 싶은 기관이 필요한 것 같아요.

띵동이 생기면서 엑시트는 의지할 공간이 생겼어요. 우리만 너무 부비고 그런 거 말고 띵동에서도 엑시트가 가진 카오스적인 느낌에 잘 어울리는 친구들이 있다면 가서 밥 좀 먹고 와, 거기 가서 카운트 좀 더 올려주고 오라고(웃음). 서로 친구들을 믿고 맡길 수 있는 협업이 가능한 곳이 되면 활동가들도 계속 소진되지만은 않을 수 있다는 생각이 들어요.

은찬 엑시트 활동가 선생님들은 다 신뢰할 수 있으니까, 저희도 신림 지역에 거주하는 친구들이 있다면 네가 커밍아웃을 하지 않더라도 띵동 소개로 왔다면 잘해주실 거야, 얘기하고 보내요.

나경 옛날에는 청소년들이 부표처럼 거리에 많이 있었는데 지금은 거리에 없어서 힘들어요. 다들 어딘가에, PC방이든, 코인이든 들어가 있어서 사실 거리이동상담하면서 계속 진이 빠지긴 해요.

은찬 우리도 패트롤 나가면 거의 없어요. 원래도 없었지만 갈수록 그래요.

나경 돌아보면, 청소년들이 고민할 때 저는 선뜻 "야, 해보자!" 이렇게는 못했어요. 학교를 그만둔다거나 "집 나올래요, 엄마가 내 정체성을 가지고 괴롭혀요" 할 때, 애들이 비빌 언덕이 없으니까 "참아야 해, 2년만 참으면 돼" 저는 이런 얘기밖에 할 수 없었던 것 같아요. 이 친구가 집에서 나오는 순간부터 그 긴 여정을 내가 다 책임져야 하는데 자원은 아무것도 없으니까 상담이랍시고 할 수 있는 게, 견딜 수 있는 방법을 적어보자는 것밖에는 못했거든요. 그런데 띵동 생기면서 잠깐 가서 잘 수 있을지도 몰라, 이런 말이라도 할 수 있다는 게 제일 좋아요. 대안을 얘기해줄 수 있는 게요. 그러면서 얻게 되는 신뢰가 있거든요. 이 사람은 뭘 아네, 다르네.

인성 말은 참아보자고 했지만 그 과정에서 거리에서 밤새도록 욕하거나, 그이가 욕하는 것을 어쨌든 힘든 순간을 계속 함께했죠. 막연히 버티는 게 아니라 함께했어요.

은찬 맞아요. 버텨주는 것. 띵동포차가 지금은 띵동의 메인 프로그램인데 거리이동상담하고 생활상담하는 걸 엑시트와 함께 만들어갈 수 있어서 좋았어요. 좋은 활동가들이기도 하지만 함께하는 지지자들일 수 있고, 당사자들일 수도 있고, 동반자 같은 사람들을 얻어서 좋아요. 퀴어문화축제 같은 행사할 때 정말 많은 사람들을 마주치잖아요. 정말 반갑죠. 저는 엑시트를 비성소수자 그룹으로 치지는 않지만, 성소수자 인권운동을 전력으로 하지 않는 엑시트 사람들을 이런 현장에서 마주칠 때가 더 반갑더라고요. 물론 말로 지지하는 것도 중요한데 직접 와서 함께해주는 것, 그냥 '너를 지지해!' 이런 느낌보다는 '그래? 같이 해!' 이런 모습이 제일 좋아요.

에디 맞아요, 일 생기면 곧바로 와줄 사람들이죠!

아주 특별한 토요일, 띵동포차

청소년 성소수자에게 띵동포차는 자신의 존재를 주장할 수도 있고 심리적 안정과 위안을 얻을 수도 있는 장소다. 숨겨지거나 숨어버린 은밀한 존재에서 드러나도 괜찮은 개인으로 자리하며 생생한 시간을 생산하는 곳이기도 하다. 띵동포차에선 '여기 있어도 괜찮은 사람'이 된다. 방어와 저항 대신 모험과 탐색을 선택하기에, 비슷한 경험으로 연결된 타인을 만나고 그렇게 연결된 개인과 개인이 맞닿아 커뮤니티를 형성한다. 어쩌면 단 한 번의 스침이라 친밀감을 쌓긴 어려울지 모른다. 그럼에도 청소년 성소수자의 정체성을 응원하고 지지하는 띵동 활동가들과 또래를 만나 수용을 경험하고 안전한 관계 맺기를 시도할 수 있다. 성별정체성과 성적지향으로 멈칫했던, 자신의 필요와 선택에 의한 관계를 그제야 시도해볼 수 있다. 정체성을 들킬까 봐 노심초사하지 않고 말하는 게 가능하기에 자기검열이 느슨해진다. 각자의 상황과 환경에 따라 다양한 이야기를 가진 '다른' 존재라는 것에 민감해지지 않는다. 쓸데없는 말조차 들어주는 사람이 있고, 적어도 어느 한 맥락에선 비슷한 고민을 하는 또래가 있어 '혼자'라는 고립감을 덜어낼 수 있기 때문이다. 매월 첫째 주 토요일 띵동포차가 문을 여는 이유다.

PM 6:00~7:00_띵동포차에 맞춘 '띵가띵가'

토요일 저녁 여섯 시, 북적이는 종로3가 인근 식당에 띵동 상임활동가와 띵가띵가가 자리한다. 곧 운영할 띵동포차 준비를 위한 식사 시간이다. 저마다의 일상을 잠시 내려놓은 사람들이 소소한 근황을 나눈다. 띵가띵가의 정체성을 입는 과정이기도 하다. '띵동의 가치를 띵동과 같이 나누는 사람들'이라는 뜻을 지닌 띵동 자원활동가 '띵가띵가'는 상임활동가와 함께 청소년 성소수자를 위한 다양한 프로그램과 활동을 지원한다. 1년 주기로 활동을 마무리하는 띵가띵가는 2015년 3월에 1기로 시작해 벌써 5년째 활동을 이어오고 있다. 초창기엔 행정과 외부 행사, 띵동식당에 참여했던 띵가띵가가 띵동포차에 합류하게 된 건 2016년 1월, 2기부터다.

띵동은 2015년 한 해 동안 주 1회 신림동 봉림교 부근에서 움직이는청소년센터 EXIT가 운영하는 거리이동상담 활동에 참여했다. 매주 목요일 저녁 여덟 시부터 새벽 한 시까지 36회에 걸쳐 146명의 청소년을 만나고, 밤새도록 이어지는 회의로 금요일 아침에야 하루를 마무리하기 일쑤였다. 그사이 청소년에게 다가가는 방법을 포함한, 거리이동상담 준비과정부터 활동 마무리에 필요한 실무를 배우며 청소년 성소수자를 대상으로 한 독자적인 거리이동상담 지역을 발굴하는 데 집중했고, 2016년의 어느 토요일 드디어 띵동만의 거리 이동상담을 시작할 수 있었다. 띵가띵가의 존재를 포함하여 청소년 성소수자에 맞춤한, 종로3가 한국게이인권운동단체 '친구사이' 강당을 거점 삼아 간식을 만들고 대화할 수 있는 자리를 마련한 띵동포차가 바로 그것이었다.

PM 7:00~8:00_낯설고 어둑한 거리에서 말 걸기

띵동포차 시작 한 시간 전, 상임활동가와 띵가띵가의 회의가 시작된다. 친구사이 강당에 둘러앉아 오늘의 할 일을 점검하는 것이다. 담당 상임활동가의 설명에 따라 테이블마다 비치된 메뉴판을 어떻게 작성해야 하는지 숙지하고 방문한 청소년에게 반드시 확인할 부분도 되짚는다. 간단한 회의를 마치면 방문자가 편히 쉴 수 있도록 테이블을 배치한다. 끼니를 대신할 떡볶이 재료를 정리하고 과자와 사탕, 초콜릿, 음료, 채식자를 위한 과일을 확인한다. 얼추 간식 준비를 마치고 휴대폰 충전, 무선인터넷은 물론 콘돔, 양말, 칫솔, 치약, 핸드크림 등 생활용품까지 필요한 것을 제공하는 세이프 존을 살핀다. 마지막으로 혼자 해결하기 어려운 상담, 의료, 법률지원 세팅까지 마무리하면 음악을 켠다. 이렇게 문밖에서 기다리는 청소년을 맞이할 준비가 끝난다.

2016년 초반엔 어떻게 운영할지 막막했다. 지금처럼 역할도, 해야 할 일도 깔끔하게 정리돼 있지 않았다. EXIT에서 배워 온 방법을 띵동에 적용하기까지 꽤나 많은 시행착오를 거쳤다. 띵동이 어떤 곳

띵동포차 ⓒ전나환

인지, 띵동포차가 뭔지 알지 못하는 청소년 성소수자를 어디에서 만날 수 있는지부터 방문 청소년들에게 무엇이 필요한지, 어떻게 접근해야 다음에도 만날 수 있는지를 고민했다. 처음에는 낙원동 일대의 노래방, 커피숍, 골목 등을 돌아다니며 청소년 성소수자라고 추측되는 이들에게 말을 걸었고, 혹시 띵동이라는 기관을 아느냐고, 앞으로 매월 첫째 주 토요일 저녁에 띵동포차를 운영하려는데 관심 있는 사람이 있다면 꼭 소개해달라고 부탁했다. 건성으로 듣거나 경계하거나 도망가거나 청소년이 아니라고 부정하는 경우가 종종 있었지만 그런 상황에 실망하거나 움츠러들지 않았다. 오직 띵동을 알리는 데 집중했다. 불안하지 않도록 거리를 두면서도 포기하지 않고 지침 없이 다가섰다. 그렇게 홍보를 나선 지 3개월 만인 4월부터 본격적으로 띵동포차 운영이 시작됐고 구체적인 구조가 생기기 시작했다.

PM 8:00~11:30_"띵동이 너를 도울 거야"

문 앞에서 기다리는 청소년의 얼굴이 잔뜩 상기되어 있다. 혼자 왔거나 여럿이 왔거나 마찬가지다. 대단한 인테리어의 카페도 아니고 고급 먹거리가 제공되는 것도 아닌데 눈을 반짝이며 문이 열리기를 기다린다. 이윽고 저녁 여덟 시가 되면 문이 열리고 박수와 함께 띵가띵가와 상임활동가의 열렬한 환대가 쏟아진다. 환대를 레드카펫 삼아 들어선 강당엔 다섯 모둠의 테이블이 놓여 있다. 앉아 있던 띵가띵가 두어 명이 환하게 웃으며 청소년에게 자리를 안내한다. 누군가는 함께 온 무리와 앉고 혼자 온 누군가는 쭈뼛거리며 적당한 곳에

멈춘다. 테이블에 앉아서는 원하는 것을 하면 된다. 띵가띵가와 이야기하고 싶다면 이야기를 하고, 친구들과 게임이 하고 싶으면 보드게임을 하면 된다. 저녁식사를 걸렀다면 떡볶이를 먹고 과자와 음료를 먹는다. 정체성, 의료, 심리, 법률, 성 관련 상담이 필요할 땐 상담을 신청하고 상임활동가와 상담일정을 논의한다. 갈팡질팡하는 제 마음이 궁금하면 타로카드 프로그램을 신청하고, 필요한 물품이 있다면 메뉴판에 표시한 후 챙겨 가면 된다. 한 시간 삼십 분 동안 저 편할 대로 존재하는 게 방문자의 의무라면 의무이다. 서로에게 위험하지 않다면 딱히 금기사항이 없다. 다만 띵동이 바라는 게 있다면, 모든 상황을 통로 삼아 청소년과 친해지는 것이다. 떠도는 차별과 혐오에 풀 죽어버린 일상에서, 혹은 무시로 들이치는 위기의 순간에 띵동을 떠올리도록 그들과 관계를 다지는 게 목표다. 끈끈한 믿음 따위 없어도 괜찮다. "우리 띵동이 너를 도울 거야"라는 문장 하나만 청소년들 주머니 속에 구겨 넣으면 된다.

2016년 4월부터 운영한 띵동포차로 만난 청소년 성소수자는 매년 늘어나는 추세다. 첫해 12월까지 총 9회의 띵동포차를 진행하며 181명의 청소년 성소수자를 만났고, 그중 상담으로 이어져 필요한 긴급서비스를 지원한 청소년 성소수자는 10명이었다. 거리에서 청소년 성소수자를 만날 수 있다는 가능성에 감정이 북받쳤던 것도 한순간, 2017년에는 429명(11회 개최)의 청소년 성소수자들을 만났고, 2018년에는 377명(8회 개최)을 만났다. 과연 누가 와줄까 싶던 공간에 한 명 두 명 사람이 들더니 어느새 공간이 협소해질 만큼 방문 인원이 증가했다. 인터넷 기반의 SNS 관계가 익숙한 그들에게 띵동포차는 자신들의 미래인 비청소년 성소수자를 만나는 실재하는 세계이자 안전한 오프라인 커뮤니티였다. 정원 때문에 돌아가는 방문자가 늘어나자 한 명이라도 더 만나기 위해 세 시간이던 운영시간을 한시간 삼십 분으로 줄이고 1, 2부로 나눠 진행하기도 했다. 침대에 맞춰 다리를 자른 양 아픈 순간이었다. 그럴 때면 더 넓은 공간에서 더 많은 자원활동가와 더 넉넉한 먹거리 그리고 화수분 같은 물품으로 오랫동안 청소년 성소수자를 만날 수 있으면 얼마나 좋을까 공상했다. 쓸쓸하고 납작한 현실에 한껏 바람을 불어넣어 누군가에게로 던지고 싶어졌다. 그즈음 토요일이 마무리되었다.

PM 11:30~새벽 어느 시각_관찰하고 성찰하며 위기를 포획하다

청소년의 안전한 귀가를 확인하고 돌려보내면 프로그램이 종료된다. 담담한 이별 후 청소를 시작한다. 모둠으로 배치된 책상을 떼어놓고 방문자의 흔적을 갈무리한다. 얼추 시작 전 공간의 모습을 갖추면 다시 회의가 시작된다. 띵가띵가와 상임활동가들의 꼼꼼하고 섬세한 관찰기가 펼쳐진다. 품평하기 위한 곱씹기가 아닌, 위기를 감지하고 적절한 지원을 논의하는 치열한 대화가 새벽을 달군다. 많게는 60명을 웃도는 청소년을 하나하나 호출해 공감과 이해로 조망하고 더 적확한 그들의 욕구를 곰곰이 되새김한다. 띵동과 띵가띵가가 부족한 부분, 아마도 편견과 무지에서 비롯된 순간이 포착된다면 그냥 지나치지 않는다. 잘못된 것은 바로 세우고 당장 바꾸기 어렵다면 언

제 어떤 방법으로 변화시킬 수 있는지 의견을 나눈다. 관찰과 성찰로 짠 촘촘한 그물망으로 청소년 성소수자의 위기를 포획하려는 노력이다. 어떤 방문자와의 시간도 허투루 넘기지 않느라 두세 시간이 훌쩍 지나서야 뻑뻑한 눈으로 회의를 마치고 귀가한다.

얼마나 급한 일이기에 밤을 새워 회의를 진행하느냐고 이야기할지 모른다. 효율이 떨어지는 일이라고 조언할 수도 있다. 하지만 경험상 위기는 바로 그 순간 끌어안지 않으면 잡히지 않는 곳으로 좌표를 옮긴다. 불특정 다수와 기약 없이 만나는 띵동포차에선 예상보다 다양한 상황이 발생한다. 들이닥친 위기에 적절히 대응하지 못하면 방문하는 청소년 성소수자에게 '안전한 띵동포차'라는 믿음을 줄 수 없고 그것은 띵동포차의 존폐와 결부된다. 이를테면 왁자한 분위기에서 의도 없이 자살 이야기를 꺼낸 방문자가 프로그램 도중 사라져서 카톡으로 자살위기상담을 진행했고, 부모에게 아우팅 폭력을 당한 뒤 사라진 자녀를 찾겠다고 무작정 띵동포차로 들이닥친 부모와 경찰에게서 띵동포차 방문자들을 보호하려고 맞섰으며, 사이가 좋지 않은 청소년 둘이 띵동포차에서 만나 시비가 붙을까 봐 한쪽을 달래서 보내기도 했다.

안전한 곳을 안전하게 지키기 위한 고군분투는 사실 띵동포차 프로그램과 별개지만, 그만큼이나 중요한 활동이다. 청소년 성소수자가 '여기 있어도 괜찮은 사람'이 되는 띵동포차에서 방어와 저항 대신 모험과 탐색을 선택할 수 있도록, 그로써 '혼자'라는 고립감을 덜어내고 자신의 존재를 주장하고 심리적 안정과 위안을 받을 수 있는 '평범함'을 경험하도록 돕는 보이지 않는 프로그램이다. 마치 방문자가 돌아간 후 새벽까지 이어지는 회의처럼 말이다. 띵동포차는 그렇게 지켜낸 청소년 성소수자의 아주 특별한 토요일이다.

띵동 자원활동가 '띵가띵가'

띵동의 가치를 띵동과 같이 나누는 사람, 띵가띵가는 띵동이 기관 정체성을 찾아가는 시절부터 꾸려졌다. 청소년 성소수자와 관련된 언론보도 체크, 회계 영수증 정리, 띵동 프로그램 참여, 퀴어문화축제 같은 외부 캠페인 활동을 기획하고 준비하는 등 띵동의 모든 활동을 직간접적으로 돕는다. 기본적으로 성소수자에 대해 어느 정도 알고 있으며 다양한 인권활동에 관심이 있는, 띵동과 서로 신뢰하며 오래 함께할 띵가띵가이기를 바라기에 선정 과정이 까다롭다. 청소년 성소수자가 겪은 차별과 혐오에 압도되지 않고 상처받은 상황을 다뤄야 하기에 선정된 띵가띵가에겐 교육이수도 필수다. 청소년 성소수자를 지지하겠다는 사명과 책임으로 최소 1년 동안 활동을 유지하고, 새벽까지 이어지는 띵동포차에 참여하는 것 역시 의무다. 지킬 수 없다면 띵가띵가로 존재할 수 없다. 자원활동 치고는 공력이 만만치 않다. 그럼에도 띵가띵가 지원자 수가 상당한 건 특별한 경험이기 때문이다. 활동 시 식사 및 교통비를 제공하고 활동가 수료증과 자원활동가 인정서 발급 외에 별다른 특전은 없지만 무엇과도 바꿀 수 없는 소중한 순간을 선물하는 까닭이다.

제 이야기를 들어주세요

2015년 1기부터 4기까지 띵가띵가로 활동해온 아델이 띵동을 알게 된 건 사회복지학을 공부하는 학부생일 때였다. 20대 초반 큰 혼란이나 갈등 없이 성적지향을 정체화했던 그에게 '청소년' 성소수자의 경험은 기억하지 못하거나, 강하게 와닿지는 않는 어떤 삶이었다. 띵동이라는 곳에서 좋은 관계를 맺고 지지를 얻는 경험을 바라기는 했지만 정확히 무엇과 마주하게 될지 몰랐다. 그리고 띵가띵가 활동가 교육 시간에 '잊히지 않는 문장'과 맞닥뜨렸다.

"저 좀 도와주세요, 제 이야기를 들어주세요."

상상하지 못한 고통과 슬픔을 꾹꾹 눌러 담은 청소년의 짧은 글에 마음이 아팠다. 단순히 아프다고 말하기엔 부족했다. 죄책감이나 부끄러움도 동반된 까닭이었다. 그제야 댓글 하나도 허투루 적기 어렵다는 걸 오롯이 느꼈다. 그날 이후 4년여, 띵가띵가로 활동하면서 품은 과제가 안타까움과 공감, 어려움과 머뭇거림이다.

"스스로는 괜찮다고 여기면서 청소년 시절을 보냈는데 그런 제가 청소년 성소수자의 치열한 투쟁과 일상, 감정과 경험에 대해 어떤 이야기를 얼마나 나눌 수 있을지 고민이 됐죠. 지인들의 고민상담은 잘하니까 무탈할 거라고 자부하다가도 순간순간 멈칫하게 되더라고요. 누군가의 이야기를 듣고 위로나 조언의 말 한마디를 꺼내는 게 무겁고 두려웠어요."

　외려 자신을 드러내는 육우당 추모 캠페인이나 국제 성소수자 혐오 반대의 날 아이다호⁴ 행사, 인권영화제, 여성영화제, 퀴어문화축제 부스활동 참여는 즐거웠다. 마치 누군가에게 커밍아웃하던 순간처럼 진짜 나를 말하고 있다는 그 자체로 기뻤던 순간마냥 자유로웠다. 문제라면 띵동포차였다. 1년여는 긴장 그 자체였다. 테이블에서 나온 이야기를 어떻게 자연스럽게 끌어갈지, 자신과 다른 퀴어 정체성의 청소년과 어느 지점에서 만날 수 있을지 걱정했다. 다른 띵가띵가 자원활동가와 팀을 이뤄 진행하기에 전적으로 혼자 책임지지 않아도 되지만 당시엔 별 소용이 없었다. 제대로 공감하지 못하거나 어긋난 위로로 상처 입힐까 봐 말이 쉽게 나오지 않는 것도, 과묵하게 있어서 분위기를 무겁게 만드는 것도 마음에 들지 않아 속이 복닥거렸다. 그런 마음의 짐을 내려놓은 건 띵동포차를 방문하는 청소

4　국제 성소수자 혐오 반대의 날(International Day Against Homophobia, Transphobia and Biphobia, 일명 '아이다호IDAHOT' 또는 'IDAHOBiT')인 5월 17일은 1990년 세계보건기구(WHO)가 국제질병분류(ICD)에서 동성애 항목을 삭제한 날이다. 세계 각지의 LGBT 단체들은 이날을 기념하고 성소수자에 대한 폭력과 차별에 경종을 울리기 위한 국제연대모임을 결성했고, 2004년 5월 17일을 국제 성소수자 혐오 반대의 날로 제정했다. 2006년에는 유럽의회(European Parliament, EP)에서, 이후 멕시코, 브라질, 베네수엘라, 아르헨티나, 호주, 크로아티아 등 여러 국가의 의회에서도 아이다호(IDAHO) 데이를 공식 승인했다. 한국에서는 2007년 5월 16일 온라인 시위로 이날을 알렸으며, 2008년 아이다호 데이를 기해 성소수자 인권운동 연대체인 '성소수자 차별반대 무지개행동'이 발족했다. 현재 130개가 넘는 나라에서 캠페인, 토론회, 거리시위, 전시, 영화제 등의 다양한 기념행사를 개최한다. 한편, 2014년 5월 17일은 미국 최초로 매사추세츠주가 동성결혼을 합법화한 날이며, 2019년 5월 17일에는 아시아 최초로 대만에서 동성결혼이 합법화되었다.

년들 덕분이었다. 띵동과 띵가띵가에 무한 신뢰와 호감을 가진 그네들은 먼저 다가와 마음을 열고 경계를 풀었다. "아델, 다음 달 띵동포차에도 오죠?"라고 물으며 지속가능한 관계를 확인했다. 아델이 조금 더 용기 내어 활동하도록 지지하고 응원했다.

"청소년만 힘이 됐던 게 아니에요. 지금 이곳에서 뭐하고 있는 거지, 이 자리에 있는 게 맞나, 라는 소외를 느끼지 않도록 띵동은 언제나 띵가띵가를 살폈어요. 활동 전에 밥을 먹는다든지, 활동이 마무리 된 후 교통비를 제공할 때조차도 요식 행위 따윈 없었죠."

그저 '쓰임을 위한 도구'인 자원활동가가 아니라, 기획을 같이 하고 좀 더 주체적으로 참여하도록 기회를 마련해줬다. 역할을 하는 사람이라는 인식은 띵동 안에서 다른 미래를 꿈꿀 수 있도록 아델을 추동했다. 물론 마냥 기운 나는 상황만 동력이었던 건 아니다. 탈가정 청소년 성소수자를 위한 자립지원 프로그램 '레인보우 내비게이션'[5]과 '청소년 성소수자의 탈가정 경험 및 욕구조사'[6]에 참여하며 말도 안 되는 차별폭력[7] 경험을 듣고 낙담하기도 수차례였다. 하지만 띵동이 아닌 다른 곳, 청소년 성소수자가 아닌 누군가를 떠올리지 않

---

5 이 책 177쪽 '레인보우 내비게이션' 참조.

6 이 책 177쪽 '레인보우 내비게이션' 참조.

7 비하하는 농담, 몰이해적 발언, 배타적 언어, 부정적 정보 수용과 긍정적 정보 차단 등의 '편견'으로 시작한 '혐오의 피라미드(The Pyramid of Hate)'는 '편견에 의한 개인 차원의 행위'인 괴롭힘으로 발전하고, 그것은 이내 사회적 배제를 포함한 '차별(discrimination)'로 이어진다. 그러한 차별은 살인, 강간, 폭행, 협박, 방화, 테러, 모독, 기물 파손 등 '편견 기반의 폭력행위'로 발전하다 급기야 '집단학살'에 이른다.(참고: 반(反)명예훼손연맹(Anti-Defamation League, ADL, www.adl.org/sites/default/files/documents/pyramid-of-hate.pdf)

았다. 무기력한 자신을 추슬러 이곳에서 할 수 있는 일을 더 깊이 고민했다.

"밝게만 보였던 청소년이 경험한 무참한 가정폭력, 상담사의 무지, 교사의 혐오표현, 쉼터 관계자의 배척 등에 마음이 무너지는 것 같았어요. 계층과 상관없는 취약성을 띵동과의 대화, 상담, 지원만으로 해결할 수 없음에 기운이 빠지더라고요. 그래서 청소년 성소수자를 둘러싼 환경을 바꾸기 위한 인권옹호와 연구 활동, 캠페인 등으로 관심을 확장했죠."

2018년 9월 둘째 주부터 띵동 상임활동가로 근무하기 시작한 것 역시 그 연장선의 결심이자 그에 따른 실천이었다. 띵가띵가로 활동하며 자기 자신을 왜곡 없이 바라보고 스스로를 이해하며 성정체성에 대한 자부심마저 느끼게 된 아델. 그는 청소년 성소수자와 더 가까운 곳에서 만나 더 직접적으로 소통하고 책임을 다해 지원하려고 상임활동가로 변신했다. 띵가띵가에 신청하며 도와달라, 이야기 들어달라는 잊히지 않는 문장과 맞닥뜨렸던 2015년 봄만 해도 상상할 수 없던 미래였다. 아직은 어리둥절한 신입이지만 한 가지 확실한 건 그가 '어디에나 존재하지만 보이지 않아 취약한 청소년 성소수자'를 만날 것이라는 사실이다.

서로 닮아가다

"띵동포차를 3년 동안 진행하면서 '청소년 성소수자는 취약하다'는 걸 제일 많이 느꼈어요. 최소 몇 백 명은 만났을 텐데 단 한 명도 빠

짐없이 다 위기에 처해 있는 것 같았어요. 위기에 처한 청소년 성소
수자가 아니라, 청소년 성소수자는 모두 위기에 처해 있는 것 같아
요. 모두가 벼랑 끝에 서 있는 느낌이에요. 겉으로는 그렇지 않고 좋
아 보여도 정말 다들 줄 위에 서 있는 듯 작은 동요로 크게 흔들릴
수 있는 사람들이라고 생각했어요. 지금 당장 도움이 필요합니다."

　카로가 띵동을 알게 된 건 군 복무를 마친 2016년 1월이었다.
복학 전 이것저것 검색하다 '청소년 성소수자 위기지원센터'라는
수식어에 2007년부터 2008년까지 주축 멤버로 활동했던 청소년 성
소수자 커뮤니티 '라틴'[8]이 떠올랐다. 그 시절이 주마등처럼 스치면
서 비청소년 멤버들의 도움을 받았던, 아니 서로 돕고 함께 활동했
던 기억에 마음이 훈훈해졌다. 라틴에서 경험했던 상호작용이 다른
자리에서 가능하지 않을까 싶어 그해 3월 띵가띵가 공지가 뜨자마
자 지원했다. 처음에는 1년 활동을 예상했으나 인연은 꼬박 3년 동
안 지속됐다.

　"청소년 시절에 20대 성소수자는 어떻게 사는가, 성소수자로서
30대는 어떤가? 직접 누가 와서 도와주는 게 아니어도 사람을 한 명
이라도 알아야 한다, 뉴스에서 보든 눈앞에서 보든 많이 봐야겠다는
생각을 많이 했어요. 띵동 시작할 때 청소년이던 제가 바랐던 게 떠
오르더라고요."

8　'Rainbow Teenager'의 줄임말인 '라틴'(cafe.daum.net/Rateen)은 2007년 당시 지역의 한 청
　소년이 만든 청소년 성소수자 온라인 커뮤니티다. 정체성으로 고민하는 청소년 모두를 위한 열
　린 쉼터를 지향하며, 청소년 성소수자 개개인의 다양한 경험을 나누는 데 힘썼다.

처음 몇 달은 행정지원에 집중하다 2016년 5월, 처음으로 띵동
식당에 참석하며 청소년과의 접점을 늘렸다. 누구나 그렇겠지만 처
음엔 부담스러웠던 기억밖에 없다. 무슨 말을 해야 하지, 뭘 챙겨주
고 도와야 하지, 롤 모델이 되어야 하는데 괜찮을까, 온갖 걱정에 잔
뜩 긴장했다. 하지만 몇 번 참여해보고 알아챘다. 그냥 친구로 만나
면 되는구나.

"학교 안에만 있었던 사람이라, 밤에 띵동포차 오는 청소년이면
막 부릉부릉하고 담배 뻑뻑 피고 '왜요?' 뭐 이러면서 반항하는 거
아닐까 생각했어요. 막 걷잡을 수 없는 친구들이 오면 어떡하지 걱정
되고…. 그런데 완전 제 편견이었죠. 뭐든 치열하게 고민하더라고요.
띵동식당, 띵동포차 참여자 모두 그랬어요."

카로의 청소년 시절과 다르지 않은 고민에 마음이 복잡했다. 앞
선 경험자로 함께 고민할 수 있어 다행이었지만 시간이 흘러도 여전
한 청소년 성소수자 환경이 답답하기도 했다. 그래서 더 열심히 듣고
앞선 경험을 최대한 나누려 노력했다. 섣부를까 봐 주저했던 건 카로
자신이 경험하지 않은 부분이었다. 롤 모델을 제시해주려면 최소한
두 가지 중 하나가 맞아야 했다. 성정체성이 비슷하거나, 가고 싶은
진로과정, 이를테면 어떤 회사를 가고 싶다, 학계를 가고 싶다, 장사
를 하고 싶다, 사업을 하고 싶다 하는 목표가 비슷하거나. 그래서 다
양한 성별정체성과 성적지향의 미묘한 부분을 소통할 뿐 아니라 도
움을 주기 위해서는 공부가 필수라고 생각했다.

"트랜스젠더, 젠더퀴어 청소년의 성별위화감을 공부할 순 있어

요. 하지만 경험하는 것과 분명 다르죠. 더 적확한 공감과 지원을 하려면 다양한 정체성을 비례대표할 자원활동가가 필요하지 않을까 고민해요. 띵동포차 활동에 참여하면서 수시로 느꼈던 부족함은 비정기모임 형식 스터디로 해결했습니다. 두 달에 한 번 있는 정기모임 때 토론회 주제처럼 이야기하기도 했고요."

　　띵동포차 방문 청소년과 띵가띵가 자원활동가는 서로에게 어디에서도 느끼지 못했던 소속감을 제공했다. 청소년 성소수자가 이렇게 많구나, 나이 든 성소수자는 저렇게 살아가는구나, 띵동포차에 와서야 손에 잡히는 실제를 확인하며 성소수자, 다시 말해 자기 자신이 드러나도록 현실을 다시 구성했다. 띵동포차 내 자생적인 청소년 문화는 그들만의 조직 도모로 이어졌다. 청소년 성소수자만의 오프라인 문화는 위기 청소년을 구했고 그것은 카로에게 중요했다. 띵동식당이나 띵동포차를 플랫폼 삼아 청소년들끼리 유대하고 연대하는 건 가슴 뭉클한 가능성이었다.

　　"버스 타고 기차 타고 비행기 타고 목포, 제주, 광주, 부산에서 올라온 청소년들이 띵동포차에 들러요. 수도권은 동네 수준이라고 보시면 돼요. 신기하게도 그네들이 원하는 건 띵동이 뭘 해줬으면 좋겠다는 게 아녜요. 그저 기여하고 싶어 해요. 후원을 한다든가 자원활동을 한다든가, 그 외 많은 것을 띵동과 함께하고 닮아가길 바라죠."

　　그래서 카로에게는 자신의 정신건강이 중요해졌다. 청소년 성소수자가 20대, 30대 성소수자로 살아도 힘들구나, 성소수자로 사는 건 답이 없네, 죽는 것밖엔 길이 없구나 라고 생각하지 않도록 최선을 다해 스스로를 살핀다. 선례가 되려는 노력, 그것은 상상 외로 단단한 뒷심이 된다. 아무리 힘들어도 띵가띵가 활동을 지속하게 만드는 굉장한 동력이다. 거기에 긍정적이고 자신감 넘치는, 성소수자로 사는 것에 뚜렷한 기준을 가진 청소년의 에너지가 덧대지면 한 달 하루쯤 밤새는 건 어렵지 않게 느껴진다. 그렇게 지난 3년을 지냈다.

불안을 다독여 신뢰를 배우기까지

2017년 띵가띵가 3기로 자원활동을 시작한 승운. 그가 띵동을 알게 된 건 학부 전공인 심리학 교과목을 통해서였다. 성소수자 친화적 태도를 보이는 교수와의 대화 끝에 청소년 성소수자 위기지원센터 띵동에서 여러 프로그램을 진행한다는 사실을 알았다.

"사실 대학 동아리나 커뮤니티에 가입하고 활동하려고 여러 번 시도했는데 매번 거리감이 느껴지고 잘 맞지 않더라고요. 오프라인, 온라인 통틀어 제대로 소속감을 느낀 커뮤니티는 띵동이 처음이에요."

띵동은 다를까 기대하다가도 혹시라도 실망할까 봐 슬몃슬몃 거리를 두었다. 띵가띵가라는 역할이 주어졌으니 우선 수행만이라도 잘해보자고 스스로를 다독였다. 솔직히 빡빡한 교육일정을 따라가기도 벅찼다. 자원활동가 워크숍을 다녀오고 그다음 주에 바로 띵동포차에 투입돼 청소년을 만나기 시작했다. 청소년을 직접 만나면 어떨지에 대한 설렘과 걱정이 뒤섞인 상태라 자기 자신이 어떻게 보일지, 제대로 섞일 수 있을지에 대한 불안은 미뤄둘 수 있었다.

막 시작된 봄밤의 쌀쌀한 기운을 고스란히 받으며 종로 3가 패트롤을 돌면서도, 띵동포차에서 청소년을 만났을 때도 온통 긴장뿐이었다. 청소년 성소수자를 미지의 존재로 상정하고 있어서였다. 낯선 자리에서 소외감을 느끼지 않도록 주도해야 한다는 책임감, 재미없거나 실망하지 않도록 이야기를 끌어내야 한다는 부담감, 혹시라도 있을 위기를 놓치면 안 된다는 절박함도 함께였다. 돌아보면 승운도 지나온 청소년 시절이었다. 게다가 스스로 띵동포차를 선택하고 용기 내어 방문한 청소년이기에 과도한 보호는 불필요했다. 그저 개인과 개인으로 만나면 될 일이라는 걸 몇 회가 지나서야 깨달았다.

"좀 부럽기도 했어요. 내가 청소년일 때는 왜 이런 공간과 프로그램이 없었을까 하는 생각도 들고. 한데 만약 띵동 같은 단체가 있었다면 나는 찾아올 수 있었을까 자문하게 돼요. 낯선 단체를 궁금해하고, 그곳에 모인 사람을 신뢰하고, 아우팅 걱정보다는 적극적으로 참여해서 새로운 것을 경험하는 용기가 부러웠죠. 제가 만나는 청소년들은 긴장했다기보다 자유로운 듯 보였거든요, 적어도 띵동포차에서는. 걱정이나 부담이 없진 않겠지만 뭐랄까 그마저도 책임지는 것 같아 외려 제게 힘이 되곤 했어요."

승운에게 띵동포차는 과거와 현재가 만나 미래를 바라보는 시간이었다. 가벼운 농담으로 피상적인 수다만 나눈다 해도, 두서너 시간 동안 보드게임만 펼친다 해도 그것은 만남이고 대화이며 소통이었다. 승운이 다른 커뮤니티에서 느끼지 못했던 상대를 향한 신뢰가 뒷받침한 까닭이었다. 간혹 속 깊은 이야기가 툭 불거지는 건 바로 그 신뢰의 연장일 터였다.

"띵동식당에서 처음 만난 지정성별 남성인 법적 연령 청소년 A가 자신을 트랜스여성이라고 커밍아웃했어요. A의 직업을 알고 있는 저로선 트랜지션을 진행하기 어려운, 굉장히 경직된 그의 작업장이 고민이었죠. 그냥 자신의 정체성을 죽이고 살겠다고 하는데 제 속이 다 부대끼더라고요. 성별표현을 전혀 할 수 없는 환경과 그럼에도 자신의 직업을 너무 좋아하는 A를 보니까 어떻게 살지 걱정됐어요. 그러던 어느 날 띵동포차 왁자한 분위기에서 A가 자살 얘기를 꺼냈죠."

무의식중에 쏟아져 나온 '자살' 이야기에 A도 승운도 놀랐다. 순간 여러 생각이 뒤엉켜 어찌할 바를 모르던 승운의 눈에 비친 건 같은 테이블에 앉아 있던 다른 청소년들이었다. 중심을 지키고 정신을 차려야 했다, 모두를 지키기 위해. 자연스럽게 상황을 마무리하고 띵동 상임활동가에게 A를 연계시켜 심리상담을 진행하도록 도왔다. 그리고 한 달이 흘렀다. 다시 만난 A는 이전만큼 위태롭게 보이진 않았다. 물론 A의 현실은 여전했다. 다만 꽉 막힌 현실에 압도돼 자신의 정체성을 죽이는 대신 다른 방법을 모색하자는 목소리, 속마음을 드러낼 수 있는 상황이 A를 위기에서 지켜준 듯 보였다. 그때부터였을까. 승운은 좀 더 진지한 태도로 자원활동을 바라보게 되었다. 상상하지 못했던 삶의 무게를 끌어안은 청소년 성소수자를 직접 목격하며 어떻게 하면 그들을 온전히 공감할 수 있을까 고민하기 시작한 것이다. 띵동포차에 머무는 시간만이라도 마음 편할 수 있도록 승운 자신이 더 유연해져야겠다고 생각했다. 그러기 위해 가장 먼저 품어야 할 건 믿음이었다. 자기 자신과 동료, 띵동과 청소년의 신뢰가 필수였다. 그래야 불안해하지 않고 들을 수 있었다. 판단하지 않고 청소년 성소수자의 이야기에 귀 기울일 수 있었다.

"띵동이란 커뮤니티에서 띵가띵가라는 역할을 수행하며 청소년들이 궁금해졌어요. 어떤 배경에서 어떤 상호작용으로 지금 여기에 이르게 됐는지, 앞으로 무엇을 꿈꾸는지 계속 듣고 싶어진 거예요. 심리학을 전공하면서 심리상담을 진로로 둘 때도 퀴어상담은 곁다리였는데 요즘은 퀴어를 중심으로 삶을 통합할 수 있겠구나 생각해요. 띵가띵가로 활동하며 청소년들과 소통하며 얻은 에너지를 제 삶에 적용하면서 얻은 새로운 비전입니다."

레인보우 내비게이션

청소년 성소수자의 중요한 이슈 중 하나는 자립이다. 자신의 의지와 상관없이 자립과 마주하는 청소년 성소수자 대개는 충분한 자원 없이 집을 나선다. 생애 전반에 걸쳐 부모, 친척, 학교 등으로부터 겪는 폭력이 성정체성에 대한 혐오와 차별로 가중될 때이다. 그들은 살기 위해 집에서 탈출한다.

길 위의 삶은 녹록하지 않다. 존재를 거부당하고 자존감을 잃게 만드는 사회적, 개인적 상황은 청소년 성소수자가 내면의 힘을 키우고 사회적 관계를 만들어가며 성장할 기회를 가로막는다. 성별정체성으로 어려움을 겪는 청소년 성소수자는 더 복합적이고 가중된 위기를 경험한다. 자기성장과 독립을 위해 꼭 필요한 자립 자원을 얻기 위해 반드시 차별과 맞설 힘이 필요하다. 그래서 '레인보우 내비게이션'을 기획했다.

레인보우 내비게이션은 탈가정한, 또는 탈가정 경험이 있는 청소년 성소수자들이 자기 스스로 삶을 꾸려갈 힘을 얻기를 바라는 마음에서 기획한 청소년 성소수자를 위한 자립지원 프로그램이다. 사회복지법인 '함께걷는아이들'의 지원으로 운영한 이 프로그램의 참여 대상은 띵동을 주기적으로 방문할 수 있는 탈가정한, 혹은 탈가정 경험이 있는 청소년 성소수자다.

2017년 상반기와 하반기에 각각 1, 2기, 2018년 하반기에 3기를 진행하며 11명의 청소년 성소수자를 만났다. 기존에 띵동과 만났던 청소년도 있었지만 절반 이상이 프로그램 신청을 통해 처음 알게 된 청소년이었다. 그들은 프로그램 참여 전 다양한 위기 경험과 자립에 대한 고민, 외로움을 겪고 있었다.

충분한 돌봄은커녕 신체적 폭력부터 폭언, 멸시, 욕설, 협박 등에 이르는 정서적 폭력, 생활비를 주지 않거나 통제하는 등의 경제적 폭력, 방임과 같은 정서적 학대에 이르는 다양한 피해를 경험한 프로그램 참여 청소년들은 도움을 청한 학교나 경찰로부터 피해를 인정받지 못하고 오히려 가정으로 복귀할 것을 강요당했다. 정신건강 전문가들도 다르지 않았다. 전환치료와 같은 극단적 폭력을 가하는 부모에게서 벗어나기 위한 협상으로, 청소년이 주체적으로 끌어다 쓰는 자원인 정신건강 전문가들은 청소년의 일탈이나 문제 상황을 확증해주는 권위로 둔갑해버렸다. 도움과 지지를 받아야 할 상담과 의료 체계에서도 배제된 그들은 탈가정 후 자립을 위해 일자리를 찾는 과정에서도 '가정에 소속되지 않은 청소년이'라는 이유만으로 경계 대상이 되거나 불이익을 당했다. 경제적 어려움과 더불어 좌절감, 외로움, 고립 같은 감정적 어려움이 뒤따르는 상황이 뫼비우스 띠처럼 반복될 수밖에 없었다. 이 척박하고 암담한 현실을 헤쳐 나가기 위해 청소년 참여자들이 무엇보다 원하는 건 안정이었다. 비슷한 상황의 청소년 성소수자들과 만나 위안을 얻고 자립할 방법을 찾아가는 것이었다.

레인보우 내비게이션은 자립을 꿈꾸는 청소년 성소수자가 자기 자신에 대해 살펴보는 경험을 제공하고, 자신과 비슷하거나 다른 환경의 타인을 만나 관계를 맺도록 도우며, 그들 스스로 독립된 삶을 상상하고 먹고사는 문제에 어떻게 대처할지 가상 경험을 통해 자립의 가능성을 상상하도록 응원하는 것을 목표로 뒀다. 저마다의 탈가정 이야기를 나누며 공감을 경험하고, 꿈꾸는 직업군의 비청소년 성소수자를 만나 진로를 탐색했으며, 가계부를 작성하고 요리를 배우면서 일상을 꾸리고 건강검진을 통해 스스로를 적극적으로 보호하는 시간을 가졌다. 자신이 바라는 곳 혹은 참여자 모두에게 의미 있는 곳으로 여행을 다녀오기도 했다.

10회기 프로그램을 진행하는 동안 띵동은 참여자의 자립을 응원하기 위해서 지속가능한 지지관계가 필요하다는 걸 체감했다. 궁리 끝에 참여 청소년들과 함께 '레인보우 내비게이션 자문단'을 꾸려 후속 모임을 가졌다. 구조화된 프로그램에서 나누지 못한 이야기와 함께 지난 프로그램을 평가하고 앞으로 어떻게 진행하면 좋을지, 실질적이고 구체적인 위기지원 방향을 모색했다. 그것은 청소년과 일회적이거나 일방적이지 않은 관계를 이어가려는 노력이었다. 자립한 주체로 자리할 청소년을 응원하는 띵동 고유의 방식이었다.

레인보우 내비게이션 프로그램을 진행하면서 청소년 성소수자 탈가정이 갖는 의미와 특수성을 파악하고, 탈가정 경험이 있는 청소년 성소수자의 자력을 돕는 사업을 보다 구체화해야 할 필요성을 절감했다. 2018년 한 해 탈가정 청소년 성소수자의 경험 및 욕구에 대한 연구조사를 기획해, 청소년 성소수자의 탈가정이 갖는 의미와 특수성을 파악하고, 띵동이 이들의 자립을 지원하기 위해 어떻게 접근해야 할지 구체화했다. 나아가 탈가정 청소년 성소수자에 대해 이뤄져야 할 사회 지원에 대한 시사점을 도출하고자 노력했다.

성격도 정체성도 다른 이들의 청소년 성소수자로서 탈가정한 경험 위로 교차하는 지점을 확인하고 그 목소리를 모아 청소년 성소수자가 집 안과 밖에서 마주하는 상황, 그 안에서 살아온 방식, 필요로 했던 것들을 기록했다. 레인보우 내비게이션 참여자 여섯 명의 심층 인터뷰를 통한 질적 조사연구로 탈가정 청소년 성소수자에 대한 이해를 높일 수 있었다. 이러한 이해는 탈가정 청소년 성소수자에게 필요한 자원, 띵동이 할 수 있는 서비스를 이전과 다른 차원으로 고민하고 정리할 수 있도록 도왔다.

청소년 성소수자들이 탈가정 전후 과정에서 겪는 경험들은 매우 다채롭고 복잡했다. 여느 삶이 그렇듯 단순한 인과관계로 도식화할 수 없었다. 그들 모두에게 맘 편히 쉴 곳이 절실했다. 탈가정 후 안전한 공간이 없어 겪게 되는 물리적 위협, 지인이나 친구, 친인척 집은 물론 고시원, 찜질방, 쉼터 등을 전전하는 상황이 '삶을 위한 탈(脫)'이었던 청소년을 오히려 더 위험하게 만든다는 결론을 목도하자

탈력감에 휘청였다. 전혀 나아지지 않은 원가정으로 돌아가는 상황, 원가족 지붕 아래서 마음은 여전히 탈가정인 상태에 맞닥뜨릴 수밖에 없는 청소년 성소수자에게는 있는 그대로 자신을 수용하며 지붕 아래 곁을 내줄 누군가가 필요했다.

　청소년이 이용할 수 있는 기관과 제도는 존재했지만 대다수는 성소수자 접근이 쉽지 않았다. 물론 다수의 쉼터 근무자들은 청소년 성소수자를 꺼리지 않았고 성소수자 권리옹호와 별개로 차별하지 않겠다는 의지를 가지고 있다. 다만 다른 청소년들의 성소수자 차별과 혐오를 해결하지 못했다. 방법을 몰랐고 알기 위해 그다지 애쓰지 않았다. 그래서 "내게 이야기해도 되지만 대놓고 성소수자임을 얘기하지 말라"며 청소년 성소수자의 목소리를 소거했다. 그게 그나마도 친화적인 경우였다. 어떤 기관은 성소수자라는 이유만으로 입소를 거절했고 그 과정에서 청소년이 혐오발언에 노출되기도 했다. 띵동이 그토록 원했던 쉼터가 사무치는 순간이었다. 현실적 한계에 부딪쳐 아직 내딛지 못한 미지의 공간이 야속했다.

　집과 학교 바깥에서 자신이 머물 수 있는 집을 찾아 나선 이들에게 레인보우 내비게이션은 그들 자신의 미래를 상상하고 그려나가는 과정으로 존재했다. 참여자 중 누군가 말했다. 일반적이지도, 정상적이지도, 안정적이지도 않은 이들에게 자립은 자기만의 방을 갖는 시간이라고. 성별이분법적이고 이성애중심적인 학교와 가정에서 스스로에 대해 자유롭게 표현하고 적극적으로 이야기할 기회조차 가질 수 없는 청소년 성소수자에게 레인보우 내비게이션은 심리적인 자기만의 방이었다. 비록 짧은 시간과 작은 공간일지라도 프로그램이 진행되는 과정에선 참여자들이 온전히 자기 자신으로서 자립을 준비하는 시간을 품었다. 그럴 수 있도록 띵동이 온 힘을 다해 준비하고 지원했다.

그래서일까. 만남과 유대가 큰 자원이기도 하구나, 레인보우 내비게이션 참여 청소년들이 끄덕였다. 예전엔 아무도 도와줄 수 없다고 생각하며 막막했다던 이들이 이제 자립이 오로지 혼자 스스로를 책임지는 것만은 아니라는 걸 알게 됐다고 이야기했다. 그들에게 자립은 외롭고 고독하게 홀로 서는 것이 아닌, 도움이 필요할 때 연락할 수 있는 힘을 가지는 것이었다. 손 뻗을 수 있는 마음을 품는 일. 자신과 같은 사람이 여기 있다는 것만으로 거머쥐는 안정감. 그것은 단순한 의존과 달랐다. '함께'의 의미를 공유하는 자립, 옆에 선 이와 함께 채워나가야 하는 과정, 돌봄과 존중이라는 노력으로 꾸려진 공동체를 어렴풋이 경험했기에 가능한 '의지'였다. 그것이야말로 레인보우 내비게이션의 최종 목적지일지도 몰랐다. 살기 위해 탈출할 때만 해도, 그래서 맞닥뜨린 녹록치 않은 길 위의 삶에 위축될 때도, 삶을 꾸려갈 용기가 꺾여 미래를 상상할 기회를 박탈당했을 때도, 자신의 욕구와 감정 따위는 들여다볼 수도 없는 지붕 없는 일상에 숨이 막혀 올 때도 예상할 수 없던 목적지였다. 어쩌면 띵동조차도 미처 알지 못한 '함께'하는 자립이었다.

띵동을 만난 사람들 ❸
띵동과 살아가는 날들
—변미혜(전 엑시트 활동가, 현 사회복지법인 함께걷는아이들 청소년팀 팀장)

어젠 띵동의 총회가 있었다. 수도 많지 않았고 왁자지껄하진 않았지만 여기 모인 이들에게 이 공간과 이 모든 활동이 얼마나 소중한지는 그 공기로 느낄 수 있었다. 진지하게 고민하고 치열하게 활동하는 띵동의 활동 이야기는 그 온도 때문에 더욱 뜨겁게 느껴졌다. 참으로 많은 이들의 소망과 간절함이 모여 띵동은 그 에너지로 달리고 있다는 게 느껴지는 시간이었다.

'움직이는 청소년센터 엑시트(EXIT)' 활동을 하면서 청소년들이 이 사회에서 겪는 고단함에 대해 징그럽게 고민했다. 처음엔 이들이 겪는 어려움을 우리가 함께하면 해결할 수 있다고도 생각했고, 사회에 많은 자원이 있으니 뭐든 될 거라 생각도 했었다. 그러나 나의, 우리의 착각(?)은 곧 확인되었다. 우리도 곧 청소년들과 거리에 앉아서 무력감에 울어야 했고, 공공기관을 만나 화를 내기도 했고, 협력할 유관기관과 소통의 벽을 느끼면서 청소년들과 고립감에 빠져들었다.

청소년 성소수자들이 겪는 사회를 마주하는 것 또한 오래 걸리지 않았다. 청소년 주거권을 지켜내기 위해 가장 앞에 서 있다 생각했던 시설에서 노골적으로 "레즈비언 출입 금지"라고 게시판에 써 붙이거나, 커플은 입소를 못하게 하거나 퇴소를 시킨다는 등의 이야기들을 들어야 했다. "네가 지옥에 떨어질까 걱정돼서 그래", "넌 곧 후회하게 될 거야" 하는 말이 시설 실무자들 입에서 나왔다. 걱정하고 배려해서 한다는 말들은 갈 곳 없는, 믿을 사람을 찾는 이들의 삶을 부정하거나 또 다른 방식의 폭력이 되었다. 결국 청소년들은 자신의 정체성을 숨겨야 사회가 그나마 최소한의 '보호'라도 해준다는 것을 알게 됐고, 그렇게까지는 필요 없다며 사회의 '보호'를 거부하거나 기대하지 않는 상황에까지 이르렀다.

더는 그대로 있을 수 없었다. 이렇게 세상에 대한 실망감만 커져가는 이들에게 뭐라 말을 해야 할지 모르겠기에, 뭐든 해야 했다. 그래서 성소수자 인권단체들을 중심으로 청소년 관련 이슈에 관심 있는 곳을 찾아 나섰다. 행동하는 성소수자인권연대(당시 동인련)에서 청소년(성소수자) 쉼터를 추진하고 있다는 소식을 접했고 기관방문을 핑계(?) 삼아 찾아가겠다고 했다. 그이들도 이런 만남을 기다리고 있었던지 기대보다 많은 이들이 우리를 맞이하였고, 열 명이 넘는 사람들이 모여 '기관방문'을 핑계 삼은 간담회가 진행되었다. 서로 조금은 조심스러웠지만 같은 기대로 흥분해 있던 그 기운이 아직도 생생하게 느껴진다. 2014년 3월 어느 날이었다.

'무지개청소년세이프스페이스'(현 띵동)란 이름으로 청소년 쉼터를 준비하는 그이들을 만날 때마다 대단하게 느껴져 존경의 눈으로 바라보게 되었다. 우리는 이미 쉼터라는 공간이 얼마나 고된 일상을 각오해야 할 수 있는 곳인지 잘 알고 있었기 때문이다. 그럼에도 고되게 살아가는 누군가들과 그 아픈 삶을 함께하겠다는 다짐이 얼마나 값진 일인지 알기에 이들을 응원하지 않을 수 없었다. 우리 또한 이 멋진 도전에 함께할 수 있다면 뭐든 하고 싶었다. 그동안 현장에서 접했던 성소수자 청소년들의 퍽퍽한 삶에 새로운 희망이 생긴다면, 그것이 현실이 될 수 있다면 우리도 뭐든 해야 했다. 물론 예상되는 어려움(24시간 365일 운영하는 청소년 쉼터를 지켜내고, 성소수자에 대한 세상의 혐오로 이 공간이 맞게 될 또 다른 어려움들을 감당해야 하는 일 등)은 많았지만, 그 때문에 주저하거나 도망하기에는 이미 생과 사의 갈림길에 놓인 일이 되어버렸다.

궁리해봤지만 우리가 도울 수 있는 일은 딱히 없었고, "엑시트를 띵동의 공간으로 활용하자", "여기서 만나고 이야기를 듣고, 해야 할 것과 할 수 있는 것을 당사자들과 만나면서 만들어갈 수 있지 않겠느냐" 제안했다. 엑시트를 찾는 많은 성소수자 청소년들에게 띵동을 소개해주고 싶었다. 이들이 엑시트 말고 더 마음 편히 갈 수 있는, 믿고 만날 수 있는 사람들과 연결해주고 싶었다. 띵동이 나아갈 길에 엑시트가 좋은 징검다리가 될 수 있으리란 기대도 품었다. 그리고 곧 기적 같은 변화가 엑시트에 벌어졌다. (이 사회에서 다른 생각을 해볼 기회가 없어) 성소수자 혐오발언을 쉽게 하던 청소년들이 띵동의 존재를 알고 띵동 활동가들을 만나면서 편견을 이해로 만드는 것을 목도했다. 아무리 성소수자 친화적인 공간이라 말해줘도 우리에게 커밍아웃하지 않던 이들이 커밍아웃하기 시작했고, 또 다른 성소수자 친구들을 데리고 왔다. 어떤 날은 80퍼센트 이상의 청소년이 성소수자인 때도 있었다. 엑시트에 와서 띵동 활동가들만 찾는 이들도 생겼다. 한편으로는 띵동 활동가들과 보내는 시간을 통해 엑시트 활동가들의 삶이 변화되기도 했다. 교육으로 되지 않는 깊은 인식의 변화, 일상의 풍요함이 느껴져 놀라웠다.

물론 모든 것이 쉽진 않았다. 우리 안의 혐오가 드러나기도 했고, 상처를 주기도 했고, 그 과정에서 결국 떠나는 이도 있었다. 스스로는 염려하고 걱정돼서 그러는 거라고 하지만 폭력이 될 수 있는 말과 행동을 하는 이들을 더 길고 깊게 만나면서 함께 바꿔나가고 싶었으나, 결국 헤어지고 만 이들도 몇 있었다. 그 과정은 우리에게 세상을 더 진지하게 대할 수 있는 시간을 마련해주었고, 나 자신이 알아차리지 못했던 내 안의 편견도 다시 확인해가면서 더 단단해질 수 있었다.

그렇게 띵동은 태어날 때부터 엑시트의 곁에 있었다. 5년을 맞이했으니 우리의 인연도 5년이 되었다. 엑시트도 다양한 사람들이 드나드는 공간이니 작은 사회와 다를 게 없다. 이용하는 청소년 수에 비해 활동가 수가 지극히 적은 공간이니 별별 일이 다 벌어진다. 각종 혐오발언이 거대한 괴물처럼 우리를 집어삼키는 일도 종종 있다. 그렇지만 어떤 날은 엑시트가 띵동의 지부처럼 느껴지기도 한다. 무지개 깃발이 걸리고, 성소수자 청소년들이 이곳에서 자신의 존재를 자랑스럽게 드러내며 큰 소리로 일상을 얘기하는 날도 있다. 우리네 삶의 다양한 이슈 중 무엇 하나 숨기지 않아도 된다고 느끼는 편안한 공간이 되기도 한다. 자연스럽게 커밍아웃하며 이야기하는 이를 바라보며 낯설어하는 다른 청소년의 동그래진 눈동자가 사랑스럽게 느껴지기도 한다.

우린 이런 세상을 같이 꿈꾸고 있지 않을까? 소수자들이 당당하고 행복한 세상, 그래서 비로소 모두가 행복해질 수 있는 세상을 함께 꿈꾸고 있다고 믿는다. 아직은 질퍽거리고 힘겨운 이 시작의 길에 띵동이 깃발을 들어주어 감사하다. 청소년들의 삶만을 위해서가 아니라, 같은 시간을 사는 나 역시 행복할 수 있는 사회를 만드는 걸음을 시작해주어서 감사하다. 지금의 띵동은 전국에서 유일한 작은 청소년성소수자 위기지원 단체이지만, 곧 여러 모습으로 분화할 것임을 나는 믿는다. 그럴 수 있는, 그러는 것이 당연한 사회를 위해 모두가 애쓰고 있으니까. 그것이 할 수 있는 일도, 할 줄 아는 것도 없는 내가 띵동에 붙어 있는 이유다.

4 공존을 위한 조건

어떤 전환치료도 폭력이다

충남 태안의 어느 섬에 거주하던 지정성별 남성 트랜스여성 스물세 살 연희(가명)는 2015년 7월 15일 성주체성장애[1] 진단(F64.0)을 받고 독립을 결심했다. 가족에게 편지를 남겨둔 채 무작정 서울로 상경했으나 얼마 지나지 않아 부모님과 연락이 닿았고 일단 들어오라는 어머니의 간곡한 부탁으로 귀가했다.

그러나 집에 도착하자마자 아버지의 폭언이 시작됐고, 그에 압도당한 상태에서 대구로 보내져 두 차례의 전환치료를 겪어야 했다. 각 2박 3일 동안 그곳에 머물면서 "너는 남자야", "아니요, 저는 여자예요"와 같은 말을 지칠 때까지 반복하며 온갖 혐오표현에 노출됐다. 이후 진주 S교회로 이동해 3박 4일 동안 폭력을 수반한 3차 전환

---

[1] 이성애주의와 성별편향 역사의 증거일 뿐 이제는 사라진 정신질환 진단 및 통계편람(DSM)의 성주체성장애(Gender Identity Disorder)는 2013년에 개정된 DSM-5에서는 성별위화감으로 재분류됐다. 이것의 핵심은 '지정성별과 자신의 성별정체성의 불일치 조건으로 개인이 얼마나 고통 받는가'이다. 그런데도 한국에 사는 트랜스젠더에겐 여전히 성주체성장애가 중요하다. 정신과 '성주체성장애 진단'을 받아야 성별 트랜지션과 성별정정 진행이 가능하기 때문이다.

치료를 당했다. "동성애자냐?"는 질문에 항변하면 그들은 "귀신을 쫓아내야 한다"며 관자놀이와 신체 급소를 누르며 폭력을 행했다. 잠을 재우지 않아 생겨난 두통에 미칠 것 같아 전환치료를 멈춰달라 호소했지만 묵살당했다. 연희를 장의자에 앉혀놓고 하루 종일 지옥에 떨어질 죄인이라고 이야기하는 건 약과였다. 무시로 몸을 거칠게 거머쥐고 머리채를 휘어잡아 방바닥에 내다꽂았다. 무릎에 머리를 눌렀고 뺨을 맞았으며 숨을 쉬지 못할 정도로 목 졸림을 당했다. 가위를 가져와 성기를 자른다고 협박당했을 땐 견딜 수 없어서 귀신 흉내를 내며 몸속에서 나가겠다고 했다. 그제야 포박이 풀렸고 치료된 척 연기한 후 사람들이 방심한 틈을 타 도주했다. 대구에 사는 친구에게 연락하여 그의 집으로 이동했지만 연희의 치료과정을 알고 있는 친구의 부모가 G종교인에게 연락해 다시 위험에 빠졌다. 폭력에서 벗어나기 위해 경찰에 신고했으나 별 소용없이 귀가 조치되고 말았다.

무사히 집에서 탈주하기 위한 방법은 군 입대밖에 없었다. 입소 전까지 죽은 듯이 지내다 11월 10일에 입소한 연희는 훈련소 정밀신검에서 성주체성장애 진단을 받고 귀가 조치됐다. 자유를 얻은 듯 기뻤으나 군 규정상 부모가 동행해야 귀가가 허락되기에 부모에게 잡혀 집으로 끌려와 4차 전환치료를 당했다. "너는 말이 안 통해", "성서에 동성애자는 돌로 쳐 죽여야 하니, 너는 맞는 것에 이의 없지?", "고추 그거 어차피 필요 없으니 잘라버린다" 등 아버지와 G의 폭언을 시작으로, 패대기쳐지고 목이 졸렸으며 지름 3센티미터의 나무

몽둥이가 부러질 정도로 정강이와 다리를 맞았다. 두 눈의 핏줄이 터져나가 동공 주위로 피가 번졌고 붓기 시작한 얼굴은 엉망이 되었다. 결국 "이 새끼는 말이 안 통하니 다리를 줄로 묶어놓고 축사해야 합니다"라는 말에 '이대로 있다가는 죽겠구나' 싶어 뒷방으로 몸을 피한 뒤 창문을 통해 도주했다. 맨발로 뛰는데도 아픈 줄 몰랐다. 붙잡혀 살해당할까 봐 두려워서 대로에서 택시를 잡아타고 태안파출소로 내달렸다. 응급치료 후 자초지종을 파악한 경찰과 동행해 집에 있는 짐을 챙겨 11월 13일, 서울로 올라왔다. 석 달간의 지옥에서 겨우 탈출했다.

땅동이 연희와 연락이 닿은 건 서울로 상경하기 하루 전인 11월 12일이었다. 공중전화로 긴급위기지원을 요청한 연희에게 주거, 의료, 심리상담, 생활비 등을 지원하며 정신적인 충격에서 벗어나 불안을 극복하고 스스로 일상을 꾸리도록 도왔다. 연희는 부모의 종교적 신념이 빚은 폭력에 분노했다. 가족이 권유한 전환치료를 견딘 건 "가족으로서 너를 사랑한다. 그러니 치료를 받아보자. 그래도 안 된다면 네가 원하는 삶을 살게 해주겠다"는 부탁 때문이었다. 하지만 그건 사랑이 아니었다. '이렇게까지 견디는데 이해해주겠지'라는 마음은 무시당했다. 부모는 자신들이 원하는 대답이 나올 때까지 고통을 가했다. 핏줄 터진 두 눈으로 똑똑히 본 일그러진 신념과 폭력. 얼굴과 온몸에 멍을 매달고 연희는 가족의 인정을 포기했다. 또다시 가족이 찾아올지 모른다는 두려움에 휩싸일 때마다 성소수자 누구도 자신과 같은 폭력을 경험하지 않길 바랐다. 자신의 안전은 물론 모두의 평안을 위해 법적 대응에 나서기로 결심했다. 강력한 보호처분결정으로 훈육이라는 미명하에 자행된 전환치료가 얼마나 잘못된 것인지 깨달은 부모가 성별정체성과 성적지향을 이해하기 위해 인권교육을 이수하길 염원했다.

연희의 법적 대응을 함께 준비하며 띵동은 한국에서 이뤄지고 있는 전환치료 실태를 절감했다. 전환치료는 이성애주의와 성별규범에 근거해 한 개인의 성별정체성과 성적지향, 성별표현을 바꾸거나 고치고 변화시키려는 시도이다. 이는 성소수자들에게 '비정상', '질병', '장애'라는 낙인을 찍어 병리화하는 비이성적이고 비윤리적인 혐오행위이며 명백한 폭력이다. 1973년 미국정신의학회(APA) 정신질환 진단 및 통계편람(DSM) 개정과, 1990년 세계보건기구(WHO)의 국제질병분류(ICD)에서 '동성애'는 정신질환 항목에서 공식적으로 삭제되었다. 트랜스젠더 정체성을 정신질환으로 분류했던 '성전환증(transsexualism)'[2]과 '성주체성장애'라는 진단명 또한 2018년 세계보건기구 국제질병분류 제11차 개정판에서 모두 삭제되었다. 2025년에는 우리나라 '한국표준질병·사인분류(KCD)'에도 국제질병분류 11차 개정 내용이 반영될 예정이다. 역사적으로 성별정체성과 성적지향에 '정신질환'이라는 공식 낙인을 붙여왔던 정신건강 전문기관들은 과거의 비과학적이며 비윤리적인 자신들의 행위를 수정했다. 여러 국제인권기구들 또한 전환치료는 고문에 해당하는 국제인권법

2 개인이 자신의 사회적 성별을 생물학적 성별과 일치하지 않는다고 생각하는 상태이다. 성전환자는 트랜스젠더에 포함되지만, 모든 트랜스젠더가 성전환자인 것은 아니다.

위반행위라고 밝힌 전 지구적 현실에서 한국은 어처구니없게도 비합리적인 신념에 휩싸인 폭력을 방조했다.

성소수자 혐오가 조직화되고 가시화되면서 전환치료와 같은 행위는 보수 기독교계를 중심으로 확산될 가능성이 높아진 상황이다. 국회 의원회관에서 버젓이 탈동성애 인권포럼 등이 수차례 개최되었고, 교회의 지원에 힘입은 홀리라이프 부설 동성애치유상담학교가 개소되기도 했다. "성소수자 인권을 위해 탈동성애가 강조돼야 하며 치유가 필요하다"는 논리를 전개하며 다양한 방법으로 전환치료를 확대할 가능성에 눈앞이 아찔해졌다. 특히 모든 자원이 현격히 떨어지는 청소년 성소수자에게는 더 치명적인 상황이었다. 사후지원보다 앞선 뭔가가 필요한 시점이었다. 그즈음 인권침해와 비인간적인 폭력행위의 가해자인 S교회 목회자들은 성별정체성과 성적지향에 대해 무지한 연희 가족의 비호하에 경찰 조사에서 빠져나갔다. 그의 아버지만이 폭행이 인정되어 대전가정법원 서산 지원에서 상담 위탁 보호처분을 받았다.

무수히 많은 문제점과 위험성을 내포한 연희 사건이 보여준 참담한 전환치료의 현주소에, 성소수자 인권단체들과 시민사회단체들 그리고 교회를 비롯한 여러 종교기관은 전환치료를 목적으로 행해지는 성소수자에 대한 폭력과 차별행위에 공동 대응하기로 결정했다. 이듬해인 2016년 3월 9일 〈전환치료는 폭력이다〉라는 기자회견을 준비하기까지 띵동은 약 4개월 동안 수차례 비공개회의를 진행했다. 연희의 법적 소송에 대비한 검토를 포함해 피해 생존자 인터뷰,

〈전환치료는 폭력이다〉 기자회견

가정폭력 사건 소송 지원, 앞으로 전환치료에 대한 대응을 어떻게 해 나가야 할지 등의 고민을 다양하게 나눴다. 이후 연희 사건 대응을 지원한 단체들과 함께 전환치료 근절을 위한 활동으로 전환치료 피해 사례를 광범위하게 수집하고 피해 생존자와 면담하며 전환치료의 위험성을 사회적으로 알려나가고자 결의했다. 전환치료는 단순히 동성애 반대에 머물지 않고 인간의 존엄을 해치고 자기혐오를 키우는 가장 위험한 방법이며 반드시 근절돼야 한다는 서로의 의지를 확인했다. 성소수자 혐오가 조직화되고 가시화되고 있는 현실을 직시하고 전환치료와 같은 행위가 확산되지 않도록 '전환치료 근절운동 네트워크'를 발족했다.

　그 첫 번째 활동으로 성소수자들이 심리상담센터나 정신과, 종교시설 등에서 경험하는 상담 실태를 전반적으로 확인하고 그 가운데 전환치료에 해당하는 상황을 얼마나 경험하는지를 파악하는 '성소수자 상담경험 실태조사'(2016)[3]를 실시했다. 그 결과 종교기관(교회,

---

3　2016년 9월부터 성소수자 커뮤니티의 상담경험과 전환치료와 관련한 인식 및 경험을 조사하기 위한 설문조사를 기획하고, 10월 본격적인 설문조사 준비를 위한 팀을 꾸려 인구사회학적 정보, 상담경험, 전환치료 홍보 및 권유 경험, 전환치료 경험, 정신건강의 총 다섯 가지 범주의 문항으로 설문지를 구성했다. 설문조사는 2016년 12월 14일부터 2017년 1월 10일까지 약 4주간 온라인으로 진행했다. 설문조사에 참여한 총인원 1,338명 중 설문에 끝까지 응답한 사람은 1,092명이었다. 이들 중 연구의 참여 대상이 아닌 사람을 제외한 1,072명의 자료를 분석 대상으로 삼았다. '성소수자 상담경험 실태조사' 결과에 따르면 전환치료를 시작하게 되는 계기는 비자발적 의사(강요), 불충분하거나 잘못된 정보, 설득에 의한 동의, 스스로 의사를 결정할 수 없는 상태였다. 또 전환치료가 자신에게 미친 영향으로는 심리적인 피해, 잘못된 정보의 습득, 대인관계에서의 피해, 신체적인 피해, 직업 또는 학업의 중단을 보고했다. 성소수자들이 상담 세팅에서 경험하는 상담자의 부정적인 태도나 편견적 발언, 전환치료와 같이 성적지향 및 성별정체성을 바꾸기 위한

목회상담소, 절 등)은 물론 의료기관(정신건강의학과, 신경정신과 등), 민간상
담소(사설 심리상담센터 등), 중·고등학교(위클래스, 위센터 등 학교 상담소),
공공기관(정신건강증진센터, 청소년 상담복지센터, 건강가정지원센터 등), 대학
상담소에서 다양한 영역의 정신건강 관련 종사자들(정신과 의사, 심리상
담 전문가, 종교인, 상담교사)을 통해 전환치료가 행해지고 있음을 알 수
있었다. 상담에서의 부정적 경험이나 전환치료 경험은 상담을 경험하
지 않은 경우보다 전반적으로 건강 상태에 부정적 영향을 끼쳤다. 실
제로 이는 성소수자 내담자에게 우울, 불안, 자기혐오, 자살 위기 등
심각한 위해를 가했다. 성소수자라는 정체성이 아닌 성소수자에 대한
사회적 낙인, 편견과 혐오가 불러오는 당연한 결과이기도 했다.

   띵동에서 발표한 청소년 성소수자 인권 친화적 환경 구축을 위
한 기초조사 보고서 『Q로 만드는 울타리』(2016)에 의하면 청소년은
"자신의 성정체성에 이름을 붙이기까지 상당한 고민과 탐색의 과정"
을 거치며 "자신의 정체성을 확인하기 위해 필요한 정보를 구하는
과정에서 자신의 존재를 발견"한다. 보통의 사람과 다른 "자신의 존
재가 세상에서 받아들여지기 어려울 수도 있다"는 생각에 불안하거
나 두렵기도 하지만 "결국 제 존재가 사회의 요구방식으로 타협할
수 있는 게 아니라는 인식"에 다다른다. 그리고 자립을 고민한다. '진
짜 자신'을 숨기고 세상을 속이며 일상적으로 소외를 경험하며, '다
름'과 '틀림'을 오가면서 자신을 지키려고 부단히 노력한다. 매 순간

시도 등이 성소수자의 건강에 부정적인 영향을 미칠 수 있다는 가능성을 간접적으로 보여준다.

'내가 누구인가'를 묻고 부모 또는 가족, 친구, 교사에게 버려져 사회에서 도태될까 두려워한다. 그래서 선택할 수밖에 없는 자신에 대한 거짓말, 성정체성을 부정하는 말은 스스로를 고립시킨다. 이때 필요한 게 "바꾸지 않아도, 내 모습 그대로 행복할 수 있다"는 지지와 응원이다.

『Q로 만드는 울타리』에 참여한 청소년들은 자신의 정체성을 부정하고 바꾸려는 경험이 불행했다고 이야기했다. '성소수자 상담경험 실태조사' 참여자들 역시 전환치료가 자신에게 미친 영향으로 심리적인 피해, 잘못된 정보의 습득, 대인관계에서의 피해, 신체적인 피해, 직업 또는 학업의 중단을 보고했다.

이것이 띵동이 모든 종류의 전환치료 행위에 반대하는 이유다. 연희와 같은 고통을 성소수자가, 누구보다 보호받아야 할 청소년이 겪지 않기를 띵동은 간절히 바란다. 부대낌 없이 있는 그대로의 자신을 수용하며 더 나은 미래를 그려보기를 꿈꾼다. 그래서 전환치료에 대한 집요하고 지속적인 관심을 늦추지 않을 것이다. 물리적인 폭력 행위뿐 아니라 성소수자 정체성을 치료의 대상이나 교정의 대상, 혹은 성 중독 상태로 규정하는 모든 행위가 사라질 때까지 모든 혐오와 싸울 것이다.

『Q로 만드는 울타리』

2013년 서울시 주민참여예산사업으로 〈청소년무지개와함께지원센터〉 사업이 선정되었으나 일부 종교기관의 혐오선동과 집단행동으로 인해 사업을 전혀 진행할 수 없었다. 사업 집행의 책임이 있는 성북구는 차일피일 눈치만 보다 결국 2015년 12월 사업예산을 최종 불용 처리하였다. 이 과정에서 성북구 인권위원회는 청소년 성소수자 인권실태조사를 진행하라고 권고했지만, 이마저도 진행되지 못했다.(이 책 216쪽. '마땅한 자리, 당연한 이름' 참조) 하지만 모두가 소거하려는 목소리, 두려워하는 청소년 성소수자의 목소리를 잃을 순 없었다. 그래서 띵동은 연구가 가능한 다른 방법(아름다운재단과 법무법인 한결의 지원)을 찾았고 2016년 12월 청소년 성소수자 인권 친화적 환경 구축을 위한 기초조사를 끝마칠 수 있었다. 15명의 청소년 성소수자 인터뷰는 정체성, 가족, 학교, 또래친구, (온라인)커뮤니티, 교회, 사회로 범주화돼 청소년 성소수자가 존중받으며 행복하게 살 수 있는 인권친화적 환경을 만들기 위한 제언의 근거가 되었다.

띵동에서 발표한 청소년 성소수자 인권 친화적 환경 구축을 위한
기초조사 보고서 『Q로 만드는 울타리』

모두에게 안전한 무지개 학교

2018년 5월 10일, 인터넷신문 「오마이뉴스」에 "한 여고생의 죽음"이라는 제목의 기사가 실렸다. 스트레스로 인한 과호흡 치료를 받던 H가 약물 과다복용으로 죽음에 이르기까지 중첩된 여러 상황을 정리한 글이었다. "난 사람이 좋아서 마음 가는 사람과 함께하고 싶었을 뿐인데 힘들다"던 여고생 H는 같은 학교 동급생과 사귀면서 소문에 휩싸이고 주변 친구들과 멀어진 후 불안과 스트레스로 자해를 시작한다. "죽어버려야 끝날 것 같다"는 H는 "중·고등학생 때 충분히 그럴 수 있는 일"이라던 담임교사의 이중 메시지를 숨구멍처럼 거머쥐지만 "조심하지 못해서" 동성 친구와 교제한다는 소문이 퍼졌고 "더 퍼지면 위험하니 조심하면서 살라"는 조언에 절망한다. "난 조심했는데, 조심하지 않았으면 전교생이 알았을 거야, 나도 조심했다고…"라며 되뇌다, 이 상황을 이겨낼 수 없는 자신이 원망스럽고 자신을 사랑해주는 사람을 아우팅시켰다는 자책으로 마지막 일기를 남긴다. 이 사건이 수면 위로 올라온 건 H의 아버지가 "(학교) 친구들

이 딸이 원치 않는 소문을 퍼트려 정신적 피해를 주는 폭력을 행사
했다"며 관할 경찰서에 수사를 의뢰했기 때문이다. "딸아이가 이런
고민을 해온 사실을 전혀 몰랐다"며 "아이가 상담을 했을 때 최소한
부모에게 연락만 했어도 아이의 죽음을 막았을 것"이라는 문제 제기
도 함께였다.

　뒤늦은 H의 부음에 띵동은 차별로 구획된 세계에서 숨죽인, 여
전히 닿지 못한 숱한 청소년들을 떠올렸다. 체제적이고 제도화된 억
압 환경에서 다층적이고 다중적인 폭력을 경험할 청소년 성소수자
에게 학교란 어떤 곳일까? 2013년 서울시 청소년 성문화 연구 결과
에 따르면 청소년 중 약 6퍼센트의 성소수자 가운데 47.7퍼센트가 괴
롭힘 등으로 자살을 시도한 적이 있다고 답했다. 2014년 국가인권위
원회 실태조사에선 성소수자 응답자의 80퍼센트가 교사로부터 혐오
표현을 들었고, 54.4퍼센트는 다른 학생들로부터 괴롭힘을 당한 것
으로 나타났다. 이런 경험은 스트레스, 학업 의욕 저하, 우울증으로
이어지게 마련인데 폭력의 서식지인 학교는 개선의 여지가 없었다.
외려 2015년 교육부가 6억 원의 예산을 들여 개발한 「국가 수준의
학교 성교육 표준안」[4]에는 '성적지향', '성정체성'이라는 용어를 사
용하지 말라는 지침이 포함됐다. 수업 시간에 성소수자라는 말을 꺼

4　대한민국 교육부가 약 21개월에 걸쳐 개발한 2015년 「국가 수준의 학교 성교육 표준안 연구 용
　역 보고서」에 따르면 "사회적 갈등 문제없이 중립적인 관점에서 성교육을 선택하는 것이 일선
　학교에서 빠른 시간에 성교육을 안착시키는 데 도움이 된다"는 명분으로 성소수자, 자위행위 등
　의 개념을 제외시켰다. 어떤 방식의 성교육이 청소년에게 적합한가를 고민하는 전 세계 흐름에
　역행하는 이 같은 결과물은 청소년의 교육받을 권리마저 위협했다.

내기도 어렵다는 얘기였다. 가뜩이나 위축된 청소년 성소수자를 삭
제하겠다는 의지나 다름없었다. 이후 인권을 말하는 교사들은 학부
모의 민원에 시달리거나 동성애를 찬성하느냐는 어처구니없는 질문
을 받았다. 어떤 학생도 차별받으면 안 된다는 인권의 본질은 학교에
서 처참하게 무너졌다. 반인권적이고 성차별적인 표준안은 혐오와
차별 선동에 힘을 실어줬다.

　　그래서 띵동은 2017년 8월, 성소수자 차별반대 무지개행동을 비
롯한 30여 개의 단체들과 함께 시대착오적인 「국가 수준의 학교 성
교육 표준안」 폐기와 인권과 성평등 관점에서 포괄적 성교육을 요구
하는 16,698명의 서명을 제출하고 기자회견을 열었다. 청소년의 성
적 자기결정권을 보장하고 성소수자라는 이유로, 여성이라는 이유
로 부당한 폭력과 차별을 당하지 않는 사회를 만들겠다는 선언이자
국가의 책무를 일깨우는 외침이었다.

　　띵동은 '인권교육을 위한 교사모임 샘'과 2017년 3월부터 2018
년 12월까지 1년이 넘는 시간 동안 평등한 학교, 차별 없는 교실을
만들기 위한 정기모임을 가졌다. 가장 먼저 실제로 성소수자 학생을
만난 교사들의 이야기를 듣고자 '무지개를 만난 교사들: 특별한 초
대의 자리'를 기획했다. '성소수자에 대한 편견, 내가 실제로 만난 성
소수자, 학교에서 성소수자의 인권을 말하기 어렵게 만드는 원인'에
대해 이야기를 하고 해결방안을 나눴다. 미국 '게이, 레즈비언, 이성
애자 교육네트워크(GLSEN, 글리슨)'에서 제작한 『SAFE SPACE KIT
: A Guide to Supporting Lesbian, Gay, Bisexual and Transgender

성소수자 학생의 인권보장을 촉구하는 기자회견

Students in Your School』 자료를 번역하고, 청소년 성소수자들이 교사로부터 듣고 싶은 말이 무엇인지 설문조사도 진행했다.

　교사와 청소년 성소수자 설문을 통해 확인한 학교는 예상대로 안전하지 않았다. 교사의 직접적인 성소수자 조롱과 비아냥, 수업 내용과 시험 문제를 통로 삼은 광범위한 혐오표현이 학교를 떠다녔다. 수업 시간에 대뜸 "야 너희는 동성애 하지 마라. 어제 카톡을 받았는데 그 영상 보니까 더러워 더러워"라거나 "내가 군대 갔는데 내 옆에 게이가 있으면 소름 끼칠 거 같다"며 혐오를 직접 드러내는가 하면, "동성애자들은 부모님한테 죄송해하면서 살아야 한다"면서 죄책감을 부추기고, 성소수자를 지지한다는 학생에게 "네가 레즈냐? 그건 나쁜 거야"라고 단죄했다. 교과서에 나온 호모라는 개념을 설명하다가 "남자끼리 좋아하는 애들 그렇게 부르잖아 호모 새끼", "이 원소들은 트랜스젠더들같이 이상한 원소들이야"라며 편견에 휩싸인 조롱을 남발하기도 했다. 그럴 때면 당사자 청소년은 '선생님한테 발각되면 정말 어떡하지. 내가 좋아하는 선생님도 그러시겠지' 생각하며 불안했다고 밝혔다. 2016년에 띵동이 발간한『Q로 만드는 울타리』에서 교사의 혐오발언에 노출된 청소년 성소수자들은 그 순간 자신의 상태를 "화가 났다", "두려웠다", "무서웠다", "충격적이었다", "심장이 떨렸다"라고 표현했다. 그만큼 믿었던 교사의 혐오발언은 실망과 더불어 아우팅을 떠올릴 만큼 공포일 수밖에 없다. 청소년의 경우 대부분의 시간을 학교에서 보내기에 교사의 생각과 태도가 영향을 미치기 쉬운 까닭이다. 학교라는 구조에서 교사의 편견과 혐오는 성정체성이 알려질까 두려워 위축되거나 상처를 입고 자존감을 떨어뜨리는 직접적인 원인으로 자리하기에 충분했다. 그곳은 안전하지 않았다. 불안전한 공간에선 어떤 성장도 일어날 수 없었다. 기능을 상실한 학교는 더 이상 학교가 아니었다. 띵동은 그 허울뿐인 공간을 다시 '학교'로 되돌리고 싶었다.

청소년 성소수자 설문을 바탕으로 '인권교육을 위한 교사모임 샘'과 제작한 『학교에서 무지개길 찾기 가이드북』(2018)[5]에는 성소수자에게 안전하고 행복한 학교가 되기 위한 정보를 담았다. 성소수자 관련 용어부터 편견에서 벗어날 수 있는 팩트체크, 성소수자 지지자로서 학생을 만날 준비가 되어 있는지 확인할 수 있는 체크리스트 등 성소수자 이해를 도울 뿐만 아니라 더 적극적으로 성소수자 학생의 옹호자가 되려는 다양한 방법을 친절하게 풀어냈다. 이를테면 성소수자 혐오·차별적인 언어와 행동 대응 방법, 커밍아웃을 할 때 어떤 말을 해야 하는지 혹은 하지 말아야 하는지, 학생의 성별정체성과 성적지향 및 성별표현을 이해하고 수용·공감하는 질문은 무엇인지, 전통적인 규범에 갇히지 않으려면 어떤 태도가 필요한지 등을 구체적으로 채웠다.

『학교에서 무지개길 찾기 가이드북』 작업에 참여한 초등학교 4

---

5 인권교육을 통해 모든 사람이 스스로의 존엄을 깨닫고, 자신과 타인의 차별 없는 권리 실현을 위해 노력할 수 있도록 하는 데 목적을 둔 '인권교육을 위한 교사모임 샘'과 띵동이 함께 만든 성소수자 인권을 고민하는 교사를 위한 인권 가이드북. 띵동 홈페이지 활동나눔(자료실)에서 pdf 파일을 다운받을 수 있다.

년차 교사 선영(가명)은 사회의 혐오를 답습하는 교실 풍경에 관심이 많다. 차별과 배제 없는, 구성원이 자유로이 미래를 그릴 수 있는 교육을 꿈꾸어서다. 그러려면 모두에게 안전한 장소가 필요했다. 서로가 서로를 온전히 이해하기 어려운 현실에서 그는 자기 자신을 돌아봤다. 그리고 "성인으로서 어린이와 청소년에게, 청년으로서 노인에게, 비장애인으로서 장애인에게, 정규직으로서 비정규직에게, 지정 성별 여성으로서 젠더퀴어에게 어떠한 형태로든 잠재적인 가해자가 될 수 있다"는 걸 담담히 수용했다. 스스로를 억압하거나 자책하려는 의도에서가 아니라 함께 지내는 이들과 행복을 도모하며 살아가기 위해서였다. '인권교육을 위한 교사모임 샘' 활동도, 「국가 수준의 학교 성교육 표준안」 폐기 주장도 그 맥락에서 가능했다. 띵동과 함께 작업하면서부턴 성소수자에 대한 공부 또한 게을리 하지 않는다. 애써 이슈를 찾아보고 누구보다 앞서 움직인다. 선영뿐만 아니라 『학교에서 무지개길 찾기 가이드북』을 준비하며 마주한 교사들은 청소년 성소수자의 곁에 서려고 부단히 노력했다. 많지는 않으나 분명 존재하는 희망, 성소수자를 옹호하는 교사

『학교에서 무지개길 찾기 가이드북』

들로 인해 학교가 달라지리라 띵동은 믿는다. 먼지 쌓인 학교 내 무지개길이 선명하게 도드라져 어떤 정체성을 지녔건 한껏 배울 수 있는 장소로 거듭나기를 바란다. 청소년 성소수자가 안전하기에 비성소수자 교사 또한 안전한, 저마다의 삶이 팔딱이는 살아 있는 모두의 학교를 기대해본다.

게이, 레즈비언, 이성애자 교육네트워크(GLSEN)

GLSEN(Gay Lesbian Straight Education Network)은 미국 내 모든 학교에서 학생들의 성적지향, 성정체성, 성별표현에 근거한 차별, 괴롭힘, 폭력을 종식시키고 안전한 학교를 만들기 위한 교육, 프로그램, 정책, 훈련 및 자원개발 작업을 진행하는 비영리민간단체이다. 1990년 보스턴에서 설립되었고, 현재 미국 내 26개 주, 2만 명의 교사들과 8천 개 이상의 학생 클럽이 등록된 39개의 네트워크가 구축돼 있다. GLSEN은 교사를 위한 자원, 수업계획, 수업자료 및 프로그램을 개발하고, 200명 이상의 강사가 매년 5천 명 이상의 교사들과 학교 직원들에게 LGBTQ 학생들을 지원하는 방법과 다양한 교육 기회를 제공한다. 또한 매년 4월 '침묵의 날(Day of Silence)', 매년 9월 '앨라이 주간(Ally Week)', 매년 1월 '비방·욕설 금지 주간(No Name-Calling Week)' 등 연례 '행동의 날(Days of Action)'을 주관·후원한다. 2011년에는 백악관에서 수여하는 '변화의 챔피언(Champions of Change)' 상을 수상했다.

『SAFE SPACE KIT』

글리슨(GLSEN)의 『안전한 공간 만들기 키트: LGBT 학생들의 앨라이가 되기 위한 가이드(SAFE SPACE KIT: Guide to Being an Ally to LGBT Students)』는 LGBTQ 청소년에게 안전한 학교, 그리고 모든 학생에게 긍정적인 학습 환경을 조성하는 데 교사들에게 필요한 지식과 자원을 담고 있다. 총 47페이지의 가이드는 LGBTQ 학생들을 지원하고, LGBTQ 편견에 대해 교육하며, 학교의 변화를 옹호하는 데 도움이 되는 구체적인 전략을 제공한다.

TIP BOX

성소수자 학생을 지지한다는 걸
어떻게 드러낼까요?

성소수자 학생들의 지지자가 되는 과정에서 중요한 것 중 하나는 당신 스스로를 지지자로서 드러내는 일입니다. 당신이 지지자라는 사실을 알 수 있어야 학생들이 도움이 필요할 때 당신을 찾아올 수 있습니다. 학생들이 직접 당신에게 찾아오지 않더라도, 연구 결과에 따르면 학교에 자신을 지지하는 교육자가 있다는 사실을 아는 것만으로도 성소수자 학생들은 학교를 더 편안한 공간으로 느낀다고 합니다. 지지자로서 당신을 드러내는 첫 시작은 교실이나 교무실 자리에 성소수자를 지지한다는 의미의 스티커를 붙이고, 보다 적극적으로 당신의 말 속에 인권의 메시지를 담아내거나 인권 친화적인 학교 문화를 만들기 위해 직접 행동으로 보여주는 것입니다. 여기에 당신이 성소수자 학생들에게 '드러나는' 지지자가 될 수 있는 방법 몇 가지를 소개하고자 합니다.

1 행동으로 말하세요

• 다른 교육자들에게도 알리기

우리가 바라는 평등한 세상에서는 모든 교육자가 성소수자 학생들의 지지자일 것입니다. 그러나 현실에서 당신은 학교에서 몇 안

되는 지지자 중 한 명일뿐입니다. 다른 교육자들에게 당신이 지지자라는 사실을 알리고 그들도 성소수자 학생을 지원하는 과정에서 중요한 역할을 함께 할 수 있다는 사실을 깨닫게 해주세요.

• 포용적인 언어 사용하기

일상적인 대화를 하거나 수업을 할 때, 모든 사람을 포용하는 언어를 사용해보세요. 일반적으로 사람을 가리킬 때, '여자친구/남자친구'나 '아내/남편' 대신 '애인'이나 '파트너'라는 말을 써보세요. 포용적인 언어를 사용하면 성소수자 학생들이 편안함을 느낄 수 있고, 도움이 필요한 경우 조금 더 쉽게 다가올 수 있습니다.

• 성소수자 혐오와 차별적인 행동에 대응하기

학교에서 성소수자 혐오나 차별적인 말을 들었거나 그러한 행동이 있어났을 때 침묵하지 않고 대응한다면 학생들은 당신이 호모포비아?나 트랜스포비아?적인 태도에 대해 관대하지 않다는 사실을 알게 될 것입니다. 이는 여러 사람들에게 성소수자 혐오와 차별이 옳지 못하며 학교에서 허용될 수 없다는 강력한 메시지로 작용하여 사람들의 인식을 바꾸는 데 큰 역할을 할 수 있습니다.

• 인권동아리 지원하기

한국에서 성소수자 인권동아리는 아직 낯섭니다. 하지만 학생인권조례에 의거해 상당수 학교에 일반적인 인권동아리들이 만들어져 활동하고 있습니다. 성소수자 인권은 인권동아리에서 충분히 다룰 수 있는 이슈 중 하나이기 때문에 동아리 활동으로 학교 안의 성소수자 혐오, 차별적인 욕설, 따돌림, 괴롭힘 등의 문제를 다룰 수 있고, 이는 학생들의 인권의식을 높이는 활동이 될 수 있습니다. 인권동아리가 있다면 성소수자 학생들은 학교가 보다 안전하고 포용적인 공간이 될 수 있다고 느낄 것입니다. 미국의 경우 학생 동아리에서 성소수자 관련 캠페인이나 이슈를 다룰 경우, 호모포비아적인 발언을 더 적게 듣거나 성적지향과 성별표현으로 인한 괴롭힘과 폭력을 덜 겪는다고 합니다. 또한 괴롭힘과 폭력 사건이 줄어들고 자신의 성적지향이나 성별표현 때문에 안전하지 못하다고 느낄 확률 또한 더 낮아지며 학교 공동체에 대한 소속감을 더 크게 느낀다고 합니다.

2 이런 것을 원해요

•들어주세요

지지자로서 할 수 있는 가장 간단하고도 중요한 일은 '듣는 것'입니다. 편견 없이, 판단하지 않고 듣는 것은 매우 중요한 일입니다. 모든 학생들이 교사와 상담을 하는 것은 아니지만 성소수자 학생에겐 더 힘들 수 있고, 신뢰관계가 형성되기까지 꽤 많은 시간이 걸릴 수도 있습니다. 성소수자 학생이 자신의 이야기를 편안하게 할 수 있는 상대가 되어주세요. 이 글을 읽고 계신 당신은 누군가에게 '자신을 안전하게 드러내도 될 유일한 사람'일 수도 있습니다. 언제나 곁에서 들어주세요.

• 비밀을 지켜주세요

나에게 커밍아웃을 했다고 해서 모든 사람이 그 사실을 알기 원하는 것은 아닙니다. 학생이 다른 교사나 또래친구, 가족에게 자신의 정체성을 알려도 괜찮다는 말을 하지 않는 한 비밀을 지켜야 합니다. 도움을 주고 싶다는 이유로 당사자의 동의 없이 다른 사람에게 알린다면 학교는 해당 학생에게 안전하지 못한 공간이 될 수 있으며, 서로의 신뢰관계가 깨질 수도 있습니다. 위기 상황의 경우에는 성소수자에 대해 이해가 높은 기관이나 사람을 찾아 도움을 줄 수 있지만, 그 전에 꼭 본인에게 동의를 받아야 합니다. 그리고 어떤 도움이 필요한지 구체적으로 물어보세요. 좋은 지지자는 학생의 비밀을 보장하고 프라이버시를 존중합니다.

• 여러분이 갖고 있는 편견을 인식하세요

좋은 지지자는 모든 것을 이해하고 있는 사람이 아니라, 자신 안에 있는 편견을 인지하고 이를 깨기 위해 끊임없이 노력하는 사람입니다. 좋은 지지자가 되기 위해서는 은연중에 갖고 있는 호모포비아, 트랜스포비아, 이성애주의가 해당 학생에게 어떤 상처를 줄 수 있는지 늘 조심하는 노력을 해야 합니다.

• 계속 배우세요

좋은 지지자는 성소수자들이 겪고 있는 어려움이 무엇인지, 주요 인권 이슈에 대해 꾸준히 관심을 가지고 알아가기 위해 노력합니다. 계속 배우고 사람들과 그 배움의 과정을 공유한다면, 누구보다 열린 사고와 관점으로 성소수자 학생을 만날 수 있을 것입니다.

• 자원이 되어주세요

좋은 지지자는 혼자 해결하려고 하지 않습니다. 도움이 필요한 경우 외부의 자원을 연결해주기 위해 노력합니다. 청소년 성소수자 위기지원센터 띵동은 상담도 가능하고 프로그램에도 참여할 수 있기 때문에 청소년 성소수자의 편이 되어줄 수 있는 가장 중요한 자원임을 잊지 마세요.

3 이런 것은 싫어요

• 모든 문제를 해결할 수 있다고 생각하지 마세요

개인의 역량을 넘어서는 문제에 봉착할 수 있고, 제도가 마련되지 않는 한 해결하기 어려운 문제가 있을 수도 있습니다. 중요한 점은 답을 찾으려 노력하겠다고 학생에게 말하는 것입니다. 성소수자 인권 문제에 대해 깊이 고민하고 돕기 위해 노력하고 있다는 것만으로도 학생에게는 힘이 될 것입니다.

• 지킬 수 있는 약속만 하세요

지키지 못할 약속을 하지 마세요. 이는 지지자로서 당신과 학생의 관계에 해가 될 수 있습니다. 큰 약속보다 작지만 지킬 수 있는 약속을 하는 것이 서로에 대한 믿음을 키워나가는 데 도움이 됩니다.

• 가정하지 마세요

잘 알지 못하거나 느끼지 못한 것에 대해 어림짐작하지 말고 물어보세요. '이럴 것이다'라고 가정하는 것은 편견과 고정관념을 강화합니다. 성소수자에 대한 편견을 드러내는 것은 당사자 학생에게 큰 상처와 모욕감을 줄 수 있고, 이로 인해 학생은 등을 돌릴 수도 있습니다. 학생이 무엇을 필요로 하는지 선생님이 다 알고 있다고 가정하지 않는 자세도 중요합니다. 학생이 원하는 것이 무엇인지, 어떻게 도와줄 수 있을지 먼저 물어보세요.

마땅한 자리, 당연한 이름

2015년 6월 5일 장수마을 주민협의회는 서울시로부터 '한옥마을 및 한양도성 인근 마을 가꾸기' 주민공동체 사업인 〈우리 동네 무지개〉 전시를 지원할 수 없다는 통보를 받았다. 전시 준비 막바지에 느닷없이 들이닥친 서울시의 횡포였다.

〈우리 동네 무지개〉는 6월 12일부터 7월 3일까지 장수마을 박물관에서 진행하려던 장수마을과 즐거운교육상상, 청소년 성소수자 위기지원센터 띵동, 행동하는성소수자인권연대가 공동 기획했다. 공동체 가치를 나누고 다음 세대와 관계를 모색해 마을문화에 대한 관심을 높이며 지속가능한 마을공동체를 만들기 위한 주민공동체 사업 중 하나가 '마을박물관 기획전시' 〈우리 동네 무지개〉였다. 사회에서 인정되지 않으며 관계의 사각지대에 놓인 청소년 성소수자, 특히 마을공동체와 세대 간 관계를 논하는 미사여구 속에 드러나지 않고 왜곡되기 쉬운 청소년 성소수자를 주요 소재로 삼았다. 타인의 존재에 불편한 자신을 돌아보며 그를 이웃으로 환대할 수 있는 공동체의 보편적 의미를 되새기려는 의도였다.

배제되기 쉬운 청소년의 성별정체성과 성적지향 때문에 수면 위로 올라오지도 못하는 청소년 성소수자의 고통을 오롯이 마주하는 시간이 〈우리 동네 무지개〉였다. 전시를 통해 청소년 성소수자가 마을에서 어떻게 존재를 드러내고 관계를 모색할 수 있을지 고민하는 자리를 만들고 싶었다. 그래서 장수마을 전시 담당자들은 청소년 성소수자의 목소리를 어떻게 드러낼지, 성소수자에 익숙하지 않을 마을 주민에게 어떤 이미지와 언어로 말을 건넬지 치열하게 논의했다. 차별과 혐오 속에 세상을 떠난 청소년 성소수자들을 마을에서 어떻게 기억하고 그 연장선에서 지금 여기를 살아가는 청소년 성소수자의 인권을 위해 어떤 목소리를 내는지 귀 기울이는 데 집중하기로 결정했다.

전시 기획과 준비 과정에 참여한 띵동은 〈우리 동네 무지개〉를 통해 '세대 간 관계'에 진입조차 허락되지 않은, 분명 존재하는 청소년 성소수자를 응시하기 바랐다. 그러나 서울시의 지원 불허로 모든 게 수포로 돌아갔다.

띵동을 포함한 전시 담당자들은 전시 준비 마지막 과정에 포스터 디자인과 전시 기획안을 제출하라는 서울시 주무부서의 요청이 마을 전시의 자율성을 침해하는 사전 검열이라고 생각했지만, 전시 개최가 임박했던 만큼 성실히 이행했다. 하지만 돌아온 건 이제껏 수면 위로 끌어올린 공동체 가치를 패대기치는 지원 거부였다. 지원할 수 없는 이유를 제대로 듣기 위해 6월 8일 서울시 담당 부서인 주

택건축국 한옥조성과 한옥문화팀 담당 주무관과 면담을 진행했지만 결과는 참담했다. 전시를 지원할 수 없는 서울시 결정 사유가 무엇인지 물었을 때 담당자는 애초 사업계획서를 작성할 때 성소수자라는 표현이 없었고, 장수마을 마을박물관 전시는 마을공동체 사업인데 어떻게 성소수자 관련 전시를 할 수 있느냐고 반문했다. 장수마을 전시는 마을공동체 사업의 일환이고 마을 단위를 활성화하려는 것으로 성소수자는 이에 포함되지 않는다는 얘기였다. 만약 성소수자 전시가 구체적으로 언급됐었다면 심사위원회에서 이 사업을 선정하지 않았을 것이라고 덧붙인 담당자는 추후 상황은 장수마을 주민협의회와 협의할 테니 전시 담당자들은 관여하지 말라며 면담을 종료했다. 주무관과 마주한 전시 담당자들은 당혹감을 넘어 모멸감을 느꼈고, 이 차별적인 상황에 문제를 제기하고 전시 지원 거부 이유를 공문으로 요청했으나 이마저도 무시당했다. 이틀 후 담당자와 전화 통화를 시도했으나 면담 과정과 다를 바 없었다. 차별발언조차 인식하지 못하는 담당자는 차치하고 이유도 알 수 없는 지원 거부로 인해 전시회는 무산됐다. 다른 곳도 아닌 성북구, 청소년 성소수자 위기지원센터 띵동 소재지에서 일어난 어처구니없는 사건이었다.

2018년 8월 이사하기 전까지 띵동이 머물렀던 성북구는 개소를 준비하던 띵동이 어디에 터를 잡을지 고민할 때 가장 마음에 든 곳이었다. 전국에서 유일하게 주민참여예산제로 '청소년무지개와함께 지원센터' 사업이 선정된 지역이었다. 더군다나 성북구는 인권기본 조례가 제정된 자치구로서 서울 25개 자치구 가운데 구청 내 인권팀

이 별도로 운영될 정도로 인권정책에 가장 적극적인 곳이기도 했다. 띵동의 중장기적인 전망에서 지방자치단체와의 협력은 굉장히 중요한 입지 조건이기에 흔쾌히 터를 잡을 수 있었다.

〈우리 동네 무지개〉는 그곳에서 마을의 일원, 공동체 구성원으로서 청소년 성소수자를 정서적, 감각적으로 드러내려는 활동이었다. 띵동을 오가는 청소년 성소수자를 비롯한 성북구 곳곳에 존재하는 청소년 성소수자의 목소리를 제대로 전달하려는 노력이었다. 사회적 배제와 혐오가 팽배한 현실에서 공동체의 가능성을 마을 주민과 꿈꿀 수 있다는 것만으로도 신나는 모험이었다. 하지만 서울시의 관료적인 태도와 성소수자 차별적인 행정은 여전한 현실의 지독한 재현이었다. 전시장에서 경험하려던, 청소년 성소수자들이 스스로의 인권을 지키려고 직접 거리에 들고 나왔던 구호를 고스란히 보여준 서울시의 지원 거부. 그것은 마을 어딘가 혹은 우리 곁 어디쯤에서 "나 여기 있어요" 하고 말 건네는 청소년 성소수자의 목소리를 소거했다. 청소년 성소수자의 일상과 마주하려고 애써 밝힌 불빛을 마을 공동체 사업에 성소수자는 포함되지 않는다는 차별발언으로 꺼뜨렸다. 성소수자라는 단어가 포함되어 있었다면 사업계획이 선정되지 않았을 거라는 말로 성소수자를 단박에 마을 밖으로 내몰았다. 버젓이 성북구에 존재하는 띵동과 띵동을 오가는 청소년 성소수자의 자리를 지웠다.

서울시는 여전히 '다음 세대와 공유하는 성곽마을 장수마을의 가치' 당초 사업계획에 '청소년 성소수자 전시회'에 대한 구체적인 내용이 없었다는 근거를 들이밀었다. 마을박물관 재생위원회 등 다양한 채널과의 구체적인 전시 논의도 없었다는 자의적인 해석도 함께였다. 띵동은 성소수자 차별을 장수마을 주민협의회의 꼼수로 인한 약속 불이행처럼 포장하는 서울시의 기만에 분노했다. 청소년 성소수자에게 배제와 멸시, 차별과 혐오로부터 안전한 공간을 마련하고자 시작한 띵동이었다. 그네들에게 띵동이 있는 그대로 존재를 인정받는 장소가 되려면 맞서 싸워야 했다. 담당 주무관이 아닌 주무부서의 차별발언에 대한 공식 사과와 지원 거절 이유를 제대로 듣기 전까지 지나간 일인 양 묻어버릴 수 없었다. 서울시에 청소년 성소수자와 마을 주민들에게 환대의 경험을 빼앗은 책임을 반드시 지워야 했다. 그래서 서울특별시 시민인권보호관에 '마을 전시회 지원 거부로 인한 청소년 성소수자 차별' 조사를 신청했다. 조사의 쟁점은 장수마을 주민협의회의 전시가 진행되지 못한 상황이 「대한민국헌법」 제11조에서 보장하는 평등권을 침해했는지 여부였다. 그리고 신청 4개월 후인 2015년 10월 15일, 띵동은 다음과 같은 주문을 받아 들었다.

1. 피신청인(서울특별시장)이 청소년 성소수자 전시회 지원을 거부한 것은 평등권을 침해한 행위임을 인정합니다.
2. 서울특별시장에게 성소수자 관련 행사라는 이유로 지원을 거부하는 일이 없도록 재발 방지대책을 마련하고, 해당 부서에 대하여 인권센터가 추천하는 강사에 의한 성소수자 차별 금지의 인권교육을 실시할 것을 권고합니다.

    사실 시민인권보호관의 "평등권을 침해한 차별행위"라는 주문
은 바꿀 수 있는 게 별로 없다. 띵동이 경험한 바로는 그랬다. 그 한
예가 띵동이 성북구를 선택했던 '청소년무지개와함께지원센터' 사
업 예산이 2014년 12월 31일 최종 불용된 사건이다. 정체성으로 고민
하는 청소년 성소수자를 상담하고 상담 매뉴얼을 제작해 학교와 지
역에 보급하며 다양성의 가치를 높이는 캠페인을 지역에서 진행하
는 '청소년무지개와함께지원센터'는 성북구 주민이 직접 제안한 서
울시 주민참여예산사업으로 5,900만 원의 예산이 확보된 상태였다.
그러나 사업을 진행하려 들 때마다 숱한 혐오의 걸림돌이 버티고 서
서 이름을 버리고 존재를 드러내지 말라 압박했다. 성북구청은 민
원 업무가 마비될 만큼 항의가 쏟아진다고 하소연했고, '성소수자'
와 '무지개', 심지어 '청소년'이라는 단어가 모두 삭제된 사업변경안
은 어떠냐고 제안했다. 청소년상담복지센터장은 "사회적 합의가 이
뤄지지 않아서", "실태조사 결과가 없기 때문에", "단 한 건의 상담
도 들어온 적이 없어서", "전문가가 없으니까" 등의 이유로 사업을
진행할 수 없다고 발을 뺐다. 예산이 불용처리 되고 2015년 5월 27일
성북구 인권위원회가 예산 불용 사태에 대한 권고결정문을 발표하
기는 했다. 그 과정에서 성북문화재단에서 성북구 청소년 성소수자
실태조사를 건네받았고, 그해 9월 성북문화재단과 연구 계약을 체결
해 10월부터 청소년 성소수자 인터뷰 참여자 모집을 진행했다. 그러
나 웹 홍보 시 명기된 지원처 성북문화재단으로부터 항의 전화로 몸
살을 앓고 있다는 뻔한 하소연을 들었다. 성북문화재단에서는 연구

지원 사실이 연구 진행 과정뿐 아니라 진행 후에도 외부에 알려지지 않도록 해달라고 요구했다. 이토록 차별적인 상황에서 연구는 이뤄질 수 없었다. 성북구 인권위원회 권고에 대한 이행은 아직 미적지근한 답보 상태다.

"마을전시회 지원 거부로 인한 청소년 성소수자 차별"에 대한 서울특별시 시민인권보호관 조사가 끝난 지 4년여가 지났다. 하지만 지역자치단체의 성소수자 사업은 여전히 온갖 난항에 봉착해 있다. 거대한 혐오 앞에서 한 발짝도 움직일 수 없으니 나중에 하는 게 좋겠다, 이름을 내걸지 말고 지원할 수 있는 방법을 찾아봐라, 이렇게 두드러지면 결국 청소년 성소수자가 힘들지 않겠느냐 등의 그럴 듯한 이유로 '침묵하며 가만히 있을 것'을 강요당한다.

차별과 혐오는 피할수록 걷잡을 수 없게 된다. 비합리적이고 비과학적이고 비상식적인 주장과 난동을 찬반여론으로 판단하는 누구든 혐오의 편에 서게 된다. 어떤 이는 억울할지 모르지만 적극적으로 대응하지 않는 것은 방조와 다르지 않다고 띵동은 생각한다. 그래서 지방자치단체의 결단이 필요하다고 강조한다. 혐오의 목소리가 거세다면 반드시 존재할 혐오에 웅크린 누군가를 위해 움직여야 한다고 소리친다. 혐오의 목소리가 불편하고 불쾌해서 청소년 성소수자의 두려움과 공포를 무시하지 않기를 바라는 띵동의 간절한 부탁이기도 하다.

띵동을 만난 사람들 ❹
한 걸음 더 가까이
—김유진('인권교육을 위한 교사모임 샘' 교사)

교사가 되어 다시 학교로 돌아오면서 내가 가졌던 바람은, 내가 있는 교실이 매 순간 즐겁고 신나는 곳일 순 없더라도 적어도 누구에게나 안전한 곳이면 좋겠다는 것이었다. 하지만 나의 학창시절이 그랬듯, 여전히 학교와 교실은 마냥 평화롭기만 한 곳이 아니었다. 나름의 질서와 규칙이라는 것이 학교를 '안정적으로' 굴러가게 하고 있었지만, 그것이 '묻지 않'고 '보지 않'음으로써 지켜지는 평화였다는 걸 깨닫는 데는 그리 오랜 시간이 걸리지 않았던 것 같다. 나 또한 그 침묵에 빠르게 동화되어간다는 사실이 두려워질 때쯤 띵동을 만나게 되었다. 내가 활동하던 '인권교육을 위한 교사모임 샘'을 통해 띵동을 처음 만났다. 학교 교사들에게 성소수자 학생을 어떻게 만나면 좋을지 소개하는 가이드북을 제작하는 프로젝트를 함께하게 되면서였다.

띵동과의 시간은 첫째로 나의 부족함을 깨닫는 시간이었다. 우리나라 교사 양성 과정에는 중요한 많은 것들이 빠져 있지만, 그중에서도 성소수자 학생의 존재와 그들을 대하는 방법에 대한 것만큼 우리가 '듣도 보도' 못했던 것이 있을까 싶다. 2015년 교육부가 제시한 '성교육 표준안'은 동성애에 대한 언급은 배제하고 '정상 가정' 이데올로기를 강조했다. 가이드북 작업을 하면서 교육 과정과 교육부 지침을 방패 혹은 핑계 삼아 성소수자 이슈에 눈 감고 있었던 나를 깨달았다. 가장 의미 있었던 것은 청소년 성소수자들의 목소리를 직접 들은 일이었다. '성소수자 청소년이 선생님에게 듣고 싶은 말'을 인터넷 설문으로 받았는데, 짧은 기간에도 정말 많은 청소년들이 참여했다. "혐오발언이나 하지 말아주세요"라는 냉소적인 답변부터 "있는 그대로 저를 사랑한다고 말해주세요"라는 소박한 바람까지 다양한 의견이 빼곡하게 쌓인 답변을 읽으며 청소년 친구들이 학교에서 느꼈을 소외감과 상처를 고스란히 느낄 수 있었다. 잘 모른다는 핑계로 '모른 척'하고 싶었던 나의 나약함이 교사로서 얼마나 비겁한 것이었는지 반성하게 되는 시간이었다.

띵동과 함께하면서 나는 조금씩 '지지자'로 스스로를 드러낼 수 있게 되었다. 학교 안에는 다양한 정체성을 가진 학생들이 있을 텐데 내가 무지해서 주는 상처, 무심해서 저지르는 혐오는 없기를 바라는 마음으로 하나하나 배워가며 가이드북을 준비했다. 학생들이 장난처럼 던지는 혐오표현을 그냥 넘기지 않게 되었고, 성소수자 관련 이슈에 대해 수업 시간에 함께 이야기하게 되었다. 제자가 퀴어퍼레이드에서 받아다 준 예쁜 무지개 팔찌를 착용하고 다니고, 가이드북이 나온 후에는 학교 선생님들께 pdf 파일을 나누어드렸다. 이전 같았으면 막연한 두려움에 하지 못했을 일들을 띵동과 함께하면서 하나하나 실천하게 되었다. 그러자 학생들이 나를 찾아왔다. 친구가 자신에게 커밍아웃을 했는데 자기가 어떻게 해야 하는지 묻는 청소년도 있었고, 게이 주인공이 나오는 소설을 읽고 나와 이야기해보고 싶다고 찾아오는 청소년도 있었다. 오늘 급식 메뉴를 물어보듯 스윽 다가와서 툭 내게 커밍아웃을 하는 청소년도 만났다. 지지자인 교사로서 학교에서 청소년들과 만날 용기와 힘을 띵동에서 얻었다.

무엇보다도 띵동과 함께하면서 얻은 가장 큰 힘은, 더 많은 지지자 선생님들을 만나게 되었다는 것이다. 『학교에서 무지개 길 찾기』 가이드북이 출간된 후, 전국에서 많은 선생님들이 가이드북을 후원하고 관심을 가져주셨다. 한 권한 권 가이드북을 발송하면서 그분들의 이름 하나하나가 참 소중했다. 곳곳에계신 그분들의 존재로 인해 학교가 더 평화로워지지 않을까 하는 기대로 든든해지는 기분을 느꼈다. 가이드북을 후원하고 신청해주신 선생님들을 띵동에 초대해서 워크숍을 가지기도 했다. 가이드북을 수업에서 활용할 수 있는 아이디어를 발표하고 각자 가지고 있던 고민들을 나누며, 서로에게 서로가 힘이 되는시간이었다. 우리 학교에서도 지지자 선생님들을 만나는 벅찬 경험을 했다. 학교 안에서 아우팅과 성소수자 혐오표현과 관련한 사안이 발생하자 『학교에서무지개길 찾기』 가이드북에 밑줄을 치면서 공부하시고 학생의 보호를 위해 애쓰시는 선생님을 뵈었을 때의 감동을 잊을 수 없다. 띵동 덕분에 나는 많은 지지자 선생님들을 만났고, 그 덕에 더 나은 학교를 상상할 수 있게 되었다.

여전히 학교는 차별과 혐오가 먼지처럼 존재하는 곳이다. 미세먼지처럼작고 눈에 보이지 않지만 명확하게 존재하고 있는 이 불편한 분위기를 어디서부터 바꾸어나가야 할지 막막할 때도 많다. 그럴수록 우리에게 필요한 것은, 무지갯빛 미래만 있을 거라는 과도한 낙관도, 금세 상처받고 나가떨어질 무력감도 아니라, 꾸준히 지치지 않고 걸어갈 용기와 지구력인 것 같다. 그럴 힘과 지식을 나는 띵동에서 얻고 있다. 띵동을 만나며 배우고 공부하게 된 나의 모습과, 띵동에서 상담을 하며 '오늘을 살아낼' 힘을 얻는 내 예쁜 제자의 모습과, 가이드북을 책상에 꽂아두고 공부하는 동료 선생님들의 모습과, 띵동에서 도와주신 인권교육을 들은 후 아주 느리지만 분명하게 변해가고 있는 우리 학생들의 모습을 보면서 감사함을 느낀다. 앞으로 띵동이 더 많은 청소년들과 더 많은 지지자들을 만날 수 있기를 기대한다. 서로가 서로의 힘이 되어 모두에게 안전한 학교와 사회로 한 걸음씩 함께 걸어갈 수 있기를 바란다.

띵동의 내일

—띵동 정민석 대표 인터뷰

Q. 띵동의 5년을 돌아본 느낌이 어떤가요?

A. 띵동은 내게 늘 새로워요. 모금했던 시기까지 합하면 7년 가까이 되는 시간이 너무 빨리 지나갔어요. 초창기 스스로에게 던졌던 질문들이 구체적인 활동으로 나타나고 있구나 생각했죠. 여러 일에도 지치지 않고 지금도 여전히 청소년과 만나고 있는 띵동에게 고맙더라고요.

Q. 아름다운재단 지원의 의미도 남다르게 다가왔을 것 같은데요.

A. 3년이란 시간 동안 활동을 지지해주는 재단의 지원금이 확보됐다는 게 굉장히 든든했구나, 새삼 생각했어요. 돈이 없으면 '이 돈을 잘못 써서 까먹으면 어떡하지' 걱정하며 모험은 꿈도 꾸지 못했을 것 같거든요. 한데 아름다운재단 지원금을 받으면서 약간의 여유가 생겼죠. 실패해도 다른 길로 한 번 더 갈 수 있는 기회처럼 여겨졌고요. 돈을 막 써야겠다는 것이 아니라 모험할 수 있

는 기회랄까요. 이를테면 거리이동상담을 기획할 때 우리가 설계한 이 길이 맞는지 계속 질문하면서 실패하지 않으려고 고민하느라 보수적으로 움직이기 쉽단 말이에요. 간식도 사야 하고 긴급물품도 만들어야 하고 하다못해 보관함 구입하는 것까지 다 돈이잖아요. 만약 잘못 설계했다간 자원을 잃어버리는 상황이니 조심스럽죠. 변화의 시나리오 지원금은 그런 실패 경험이 용인된 거라 굉장히 고마웠어요. 그렇게 초창기 3년을 다져서인지 그 시절의 초심, 실패를 두려워하지 않고 더 적극적으로 활동하려는 태도가 띵동에 묻어 있는 것 같아요. 사업을 기획하고 구상할 때 여전히 힘이 됩니다.

Q. 재정 자립은 비영리단체의 영원한 숙제인데요. 아름다운재단 지원이 마무리된 현재 띵동의 재정 자립도는 어느 정도인가요?

A. 3년 지원을 끝내고 지난해부터 자립했으니까 1년 6개월 정도 됐네요. 사실 초창기 띵동이 했던 정도의 사업만 진행했다면 자립은 100퍼센트 성공한 거예요. 하지만 시간이 흐르고 청소년을 만나면서 그들에게 더 필요한 것을 고민하게 되더란 말이죠. 타 기관에 연계하던 심리상담을 좀 더 빨리 진행하고, 더 적극적으로 책임지기 위해 띵동 내부에 객원 상담사를 영입해 상시 운영한다든지, 지역 청소년과 만나기 위해 새로운 사업을 계획한다든지 이전과 다른 프로그램을 꾸리면서 자연스레 예산 규모도 커지게 됐고요. 일하는 사람도 늘고 그에 따라 기획하고 준비하는 사

업도 확장되니까 당연한 거죠. 그래서 현 상황의 자립도는 50퍼센트 조금 넘는 수준인데, 좀 더 끌어올려야겠지만 띵동 입장에선 100퍼센트를 목표로 두진 않아요. 더 적확하게 말하자면 정해진 수치에 맞추고 재정 자립도를 이루기 위해 사업 확장, 청소년 성소수자를 위한 모험을 멈추지는 않겠다는 말입니다. 여러 상황을 사람들과 공유하면서 띵동의 비전에 맞는 또 다른 사업, 필요한 사업을 만들어가는 게 재정 자립보다 중요해요. 돈이라는 굴레 때문에 필요한 활동을 포기하지 않으려는 띵동에겐 재정 자립 100퍼센트는 굉장히 요원한 일일지도 몰라요.

Q. 그동안 한국 사회에 없던 것들을 새롭게 만들어가는 과정이기도 했지만, 무엇이 부족한지 발견하는 과정이기도 했던 것 같습니다. 5년이 지난 띵동의 현재 고민은 무엇인가요?

A. 지역 네트워크입니다. 생필품을 지원해준다거나, 몸이 아픈 청소년, 마음이 아픈 청소년에게 병원이나 상담기관을 연계해주거나, 그 병원과 상담기관이 충분히 성소수자 지지적인지 확인하고 연계하고 동행하고, 연계 이후에 어떤 변화들이 개인에게 있었는지 다시 확인하는 게 띵동의 업무인데 그 과정에서 지지그룹이 생기거든요. 띵동이 해결할 수 없는 부분을 함께 해결하는 기관과 사람들인데 저희가 서울에만 있으니까 지지네트워크 역시 서울 수도권에 한정돼 있었어요. 그래서 지역 청소년을 지원할 때 꽤 힘들었어요. 정보 접근성이 뚝 떨어지니까 맞춤한 도움을 제공하기

어려웠고요. 그래서 2019년부터 향후 3년 정도 전국 17개 시도에 띵동의 지지네트워크를 만드는 걸 목표로 〈무지개도움닫기 프로젝트〉⁶를 준비 중이에요. 수도권에만 밀집해 있는 지금의 상황을 우리 스스로 바꿔나갈 수 없다면 우리가 가진 정보와 자원을 지역에서 접할 수 있도록 준비하는 거죠.

Q. 무지개도움닫기 프로젝트에 대해 좀 더 설명해 주시겠어요?

A. 지역의 청소년기관 관계자와 연관된 사람들에게 청소년 성소수자를 두려움 없이 만날 수 있는 방법, 지지와 옹호 개입이 가능하도록 교육 기회를 제공하고, 움직이는 띵동식당으로 청소년 성소수자와 만나는 기획이에요. 2019년에 6개 지역을 시작으로 가슴 뛰는 모험이 시작되는 겁니다. 3년 지원사업에서 아쉬웠던 지역 청소년에 대한 고민을 고맙게도 아름다운재단에서 공감해서 다시 한 번 변화의 시나리오 프로젝트 지원을 받게 됐어요. 무지개 도움닫기 프로젝트 진행할 때 지출되는 교통비, 교육비, 장소 지원비, 인쇄비를 지원받아서 더 알차고 꼼꼼한 네트워크 사업을 진행할 예정입니다.

---

6 〈무지개 도움닫기 프로젝트〉는 비수도권 지역에 거주하는 청소년 성소수자들이 어려움을 겪을 때 그 지역에서 바로 도움을 줄 수 있는 기관과 사람을 찾고 이들과 지속적인 협력을 구축하기 위해 시작된 활동이다. 전국 17개 시도에 최소 1곳(명) 이상 청소년 성소수자를 지지할 수 있는 환경을 만들겠다는 목표를 이루기 위해 청소년기관 종사자, (예비) 교사 등을 대상으로 청소년 성소수자를 어떻게 만날지를 교육하고 있으며, 청소년 성소수자들이 흔히 겪을 수 있는 위기 상황에 대해서도 깊이 있게 토론하려고 한다.

Q. 그만큼이나 중요한 띵동의 또 다른 고민으로 주거지원을 언급한 적이 있는데요.

A. 여성가족부 기준으로 전국에 130여 개의 청소년쉼터가 있어요. 가족의 갈등과 폭력적인 상황, 개인사 등 여러 이유로 탈가정할 수밖에 없는 이들이 쉼터를 찾아가죠. 그런데 그 과정에서 성별 정체성, 성적지향 때문에 쉼터를 꺼린다면 띵동은 다른 방법을 모색해요. 쉼터 외의 방법으로 일상을 안정화하는 방법, 말이 쉽지 굉장히 어려워요. 불안정한 주거는 청소년의 다양한 경험 기회를 차단하는 장벽이 될 때가 많죠. 그래서 대안적 주거지원 모델을 고민합니다. 초창기에 계획했던 생필품 지원, 의료지원, 생활상담 및 심리상담 지원, 법률지원은 이뤘는데 여전히 주거지원은 해결할 수 없으니 답답해요.

Q. 사실 띵동을 처음 만들게 된 게 쉼터, 주거지원이 필요해서였죠?

A. 5년 전 띵동을 만들려고 준비할 때 쉼터 관련 법률과 재정 상태 어느 하나 만만치 않았죠. 시간이 이렇게나 흘렀는데도 그 부분은 여전합니다. 그럼에도 현재까진 이용 가능한 방법을 찾는 것에 집중했어요. 당장 도움이 필요한 청소년에게 실질적이고 구체적인 지원을 제공하기 위해서요. 앞으로 5년은 더 적극적인 대안을 마련할 생각입니다. 단순히 쉼터 공간 하나 만드는 걸 목표로 두는 게 아니라 한국 사회에 왜 청소년 주거가 중요한지 이야기하고, 기존 주거시설에 무엇이 부족한지, 무엇을 보완해야 하는지

를 사회적으로 논의할 계획입니다. 기존에 있는 위기지원체계 안에서 성소수자들이 환대받지 못하는 사실을 고발하거나 쉼터의 변화를 촉구하는 성명을 발표하는 데 그치지 않고 한발 더 나아가 정부 정책의 어떤 제도가 청소년 성소수자 지원을 막고 있는지 그 구조를 발견하고 개정을 요구하는 활동을 펼 생각이에요.

Q. 그렇게 되면 청소년 성소수자뿐만 아니라 기존 쉼터에서 배제될 수밖에 없는 청소년과 함께 네트워크하면서 주거지원 정책변화를 이끌어낼 수도 있겠는데요? 누구도 배제하지 않는 주거지원, 생각만 해도 설레네요.

A. 맞아요, 모두를 위한 장소를 원해요. 그런 의미에서 띵동이 계획하는 쉼터는 '쉼터'라고 표현하기 싫어요. 우리나라 탈가정 청소년 지원의 철학은 가정 복귀거든요. 원가정으로 복귀시키기 위해 잠시 머무는 곳이 쉼터의 정의죠. 한데 지난 5년 띵동에서 청소년과 만나며 원가정으로부터 '탈'할 수밖에 없는 상황을 계속 지켜본 결과 그건 답이 아니라는 결론을 내리게 됐어요. 우리 청소년이 원하는 건 자립과 안전이 보장되는 주거공간이었거든요. 띵동의 주거지원에 대한 질문은 그들의 목소리를 대신하는 활동일 거예요. 그래서 더 촘촘하게 고민하는 거죠. 필요한 인적 자원과 물적 자원을 스스로 찾아가면서 자립을 이룰 수 있는 안전한 공간 모델이 뭔지. 또 하나의 쉼터를 만드는 것이 목표가 아니라 기존의 쉼터를 딛고 어떤 대안적인 공간을 만드는가가 띵동의 주거지원 핵심입니다.

Q. 띵동의 고민을 듣고 보니 2018년도에 국가인권위원회가 수여하는 '대한민
국 인권상'[7]을 수상한 이유를 짐작할 수 있겠네요.

A. 처음 제안이 왔을 때 좀 놀라긴 했어요. 성소수자가 아닌 국가인
권위원회 직원이 추천했고 4년여 동안의 띵동 활동 성과를 바탕
으로 심사위원들이 선정한 거라니까 더더욱요. 보이진 않지만 우
리가 노력해왔던 것에 대한 보상으로 느껴지더라고요. 청소년 상
담, 청소년 지원에서 분명 배제당하고 비어 있던 영역을 부족하
지만 띵동이 채우고 있는 것에 대한 응원과 지지였다고 생각합니
다. 사실 다른 무엇보다 상임활동가들이 지쳐 있을 때 우리가 헛
일을 하진 않았구나, 한국 사회에서 꼭 필요한 일을 해왔구나, 스
스로를 다독여줄 수 있어 다행이었어요. 약간의 상금으로 활동가
들 쉼 여행을 갔습니다. 맛있는 것도 먹고요.

Q. 돌아보면 힘든 일, 좋은 일, 슬픈 일, 서운한 일… 많은 일들이 스쳐 갈 것 같
아요. 정민석이 생각하는 지난 5년, 스스로는 어떤 변화를 경험하고 있나요?

A. 저는 띵동에서 상담을 담당하진 않잖아요. 상담한 여러 내용과
고민들을 옆 빈자리에 앉아서 같이 듣고, 어떤 길이 좋은 길일까,
어떻게 지원하고 어떤 사람을 연계해주는 것이 내담자에게 최선

7　매년 12월 세계인권선언의 날 기념식에서 시상하는 '대한민국 인권상'은 인권일반 옹호 및 신
　장, 인권교육 및 문화증진, 인권정책 및 연구 분야로 나뉘 각 분야별로 인권보호 및 신장 등 공적
　이 뚜렷한 사람 또는 단체, 기관을 포상한다. 포상 규모는 정부포상으로 훈장과 포장, 국가인권
　위원회위원장 표창으로 이뤄지며 수공 기간은 각각 15년 이상, 10년 이상, 3년 이상이다.

의 솔루션일까 상임활동가들과 함께할 뿐이죠. 제가 상임활동가들과 다른 게 있다면 나이와 경험일 텐데 그게 과연 띵동에서 어떤 역할을 할 수 있을지 항상 고민해요. 현재를 살아가는 청소년들의 고민을 상임활동가들이 가장 예민하게 알아차리고 현 시점에서 지원할 수 있는 부분을 찾아 자원을 연계하려고 노력하잖아요. 그때 제 역할은 무슨 지원을 어떻게 할지 최대한 안전하고 적확하게 판단할 수 있도록 돕는 거예요. 카톡과 전화로 대화하느라 청소년과 너무 바싹 이어져 있는 상임활동가들이 길을 잃지 않도록 약간의 환기를 제공하는 거죠. 사실 요즘엔 앞으로의 띵동, 확장된 비전을 고민하면서 제가 가진 역량이 띵동에 필요한지 고민 중이긴 합니다. 주거지원 때도 말했듯이 청소년 복지, 위기지원사업 활동 영역에 청소년 성소수자의 목소리를 높이고 존재를 가시화하고 자리를 만들기 위해서는 띵동만의 독자적이고 독립적인 사업보다 기존의 틀, 성별정체성과 성적지향의 다양성을 고려하지 않은 쉼터 관련 법률과 행정구조 안에서 함께 부딪쳐서 변화를 이끌어야 해요. 그러기 위한 조건 중에 기관 대표의 자격도 있어요. 물론 띵동의 비전과 완전히 일치하진 않죠. 음, 온전히 받아들여서가 아니라 띵동이 가야할 길, 더 성장하고 제 역할을 하려면 어떤 리더십이 필요할까 생각하게 됩니다. 청소년 성소수자를 위한 더 나은 결정을 고민하고 있어요.

Q. 조직 운영과 모금을 책임지는 게 정민석 대표의 역할이었는데요.

A. 쉽지 않다는 건 분명합니다(웃음). 어려운 일인데 한편으론 굉장히 기쁘고 가슴 벅찬 일이에요. 늘 고마운 사람과 만나고 그들의 선한 마음을 오롯하게 마주할 수 있어서 그런 것 같아요. 가장 기억에 남는 건 현재 띵동 공간을 마련해준 후원자를 만난 일이었어요. 덕분에 127만 원의 상당한 월세 부담을 덜어내고 한 명의 상임활동가 월급을 마련하게 된 거죠. 그런 기회가 주어졌기 때문에 띵동이 흔들리지 않고 내일을 생각하게 됐습니다. 모금활동까지 포함한 띵동의 지난 7년, 매번 기억에 남는 건 후원자들의 지지와 응원이었네요. 정말 필요할 때 구글 로이스 님이 해외 지원을 받아서 보증금으로 쓸 수 있는 자원을 기탁해주셨고, 우리나라에 띵동 사업이 꼭 있었으면 좋겠다고 이야기해준 아름다운재단 변화의 시나리오 인큐베이팅 심사위원들, 다양한 모금사업을 하게 될 때 늘 지지해주는 후원자분들 고맙다는 말로는 고마움을 전달할 수 없습니다. 최근에는 지역에 사시는 분이 올라오셔서 현금 300만 원을 직접 전달해주고 가셨어요. 이렇게 청소년 성소수자들이 아프지 않고 좀 더 건강하게 활기차게 한국 사회에서 살아갔으면 좋겠다고 생각하는 사람들을 만나고 발견할 때마다 정말 힘이 나요. 존재만으로 도움이 되고요.

Q. 띵동이 일으킨 변화를 실감하세요?

A. 제가 올해 정부기관 정책자문위원으로 참여하게 됐어요. 띵동 대

표 자격으로요. 위기청소년 지원기관 대표들과 같이 앉아 있는 거예요. 그동안 보이지 않던 '청소년 성소수자'의 자리가 생긴 거죠. 말 한마디라도 우리를 의식하지 않을 수 없게 된 거예요. 그런 기회들이 띵동이 없었더라면 어떻게 주어졌겠어요. 천 건 이상의 상담을 해왔고 1년 동안 400명에 가까운 청소년들을 거리 이동상담으로 만나는, 수치로 보이는 성과도 분명히 있지만, 청소년 복지사업을 하고 있거나 위기지원사업을 하는 청소년기관 종사자들에게 미친 영향이 분명히 있어요. 청소년을 돕고 싶은 마음은 누구에게도 뒤지지 않겠지만 뿌리 깊은 성별이분법과 이성애주의, 성차별 등으로 인해 어떤 때는 결과적으로 나쁜 지원을 하게 될 수도 있다고 생각해요. 띵동은 그 나쁜 결과를 초래하는 지원이 잘못됐다고 말할 수 있는 파트너입니다. 더 나은 길을 함께 모색할 수 있는 파트너이기도 하고요. 띵동 역시 그들에게서 청소년기관의 오랜 노하우를 듣고 배울 수 있는 기회를 가질 수 있게 돼서 기쁩니다. 결국 이 모든 것이 위기청소년을 더 잘 돕는 방법이고 과정일 거예요.

Q. 마지막으로 청소년 성소수자들에게 하고 싶은 말이 있다면요?

A. 청소년 시기뿐만 아니라 살다 보면 생애사적으로 많은 도전이 있잖아요. 제가 아주 많이 살아낸 건 아니지만(웃음) 한국 사회가 더디긴 해도 분명히 변화의 흐름 안에 있다고 생각해요. 저는 청소년들이 그 변화를 읽어낼 수 있길 간절히 바라요. 지금의 상황이

많이 힘들더라도 띵동과 상의해가면서 그 시기를 견뎌내고 아픔을 서로 나눴으면 좋겠어요. 버겁지만 띵동과 함께 지나가면 또 다른 세계가 다가올 거라고 말하고 싶습니다. 우리 사회가 성소수자 친화적인 사회는 아니지만 그럼에도 조금씩은 바뀌어가고 있고 그걸 제가 경험하고 있으니, 여러분도 자신이 하고 싶은 일들, 자신이 꿈꾸었던 많은 것들을 계속 붙들고 살면서 잘 이어갔으면 싶어요. 저 스스로도 성소수자이기 때문에 직면하게 될 많은 도전들을 느껴요. 여러분은 더 힘들 거예요. 그렇지만 어떤 일도 지나갑니다. 스스로를 믿고 살아요, 우리. 그리고 혼자 완벽할 수 없으니까 띵동에 의지하세요. 우리 서로 의지하고 돌보면서 아등바등 살아가요. 만약 지금 이 글을 읽고 있는 누군가가 청소년 성소수자라면, 띵동이라는 기관을 놓치지 마세요. 문을 두드려도 될지 고민하지 말고 적극 활용하세요.

작가의 말

"어쩔 수 없다고 얘기하는 사람들이 싫어요. 내 자신도 마찬가지예요. 할 수 있는 게 없어요. 모든 걸 어쩔 수 없어서 화가 나요."

지난 10년 동안 만나온 LGBTAIQQ+ 내담자들의 되돌리기 어려운 '어쩔 수 없는 시절'은 대개 고통스럽다. 끈질긴 '그때' '거기'의 폭력은 그렇게 '지금' '여기'를 가둔다. 할 수 있는 건 자기 자신과 타인 그리고 세상을 향한 분노뿐이라서 괴롭고 두렵다. 그래서 뭔가를 바꿀 수 있음에도 움직이지 않던 주위 사람들을 불신하게 된다. 도와달라는 온갖 신호를 눈친 무신경한 이들에게 분노하고 만다. 상담은 그때 거기의 어쩔 수 없는 것을 떠나보내는 일이다. 뭉뚱그려진 무기력을 해체하고, 적응의 외피를 쓴 순응을 구별하도록 도우며, 지금 여기에서 할 수 있는 뭔가를 찾아가는 과정이다.

지난 1년 동안 작업한 『홈, 프라이드 홈』은 바로 그 무수한 내담자들의 어쩔 수 없는 시간과 공간을 재구성하는 과정을 따라간다. 어떻게 해야 어쩔 수 '있는' 것이 되는가를 질문하고 답하는 이야기이기도 하다.

나는 LGBTAIQQ+ 청소년과 띵동의 시간을 따라가며 그들의 목소리를 왜곡 없이 담아내려 노력했다. 시간과 공간의 주인공, 상상 밖으로 밀려나 1인칭이 될 수 없던 LGBTAIQQ+ 청소년을 대상화하지 않는 것이 중요했다. 인칭과 시제를 궁리하고, 생생하지만 선정적이지 않은 표현과 구성으로 드러냄과 감춤, 자기개방과 자기보호 사이를 가늠했다. 진실과 맞닿으면서도 비밀을 간직하는 존재를 좇는 작업은 어려운 만큼 좋았다.

그럼에도 LGBTAIQQ+ 청소년의 실재를 확인하는 건 괴로웠고, 그것을 문장으로 잇는 작업 역시 쉽지 않았다. '이들이 얼마만큼 힘든지 너희는 모르지? 그러니 알려줄게' 식의 고통의 전시가 아닌, 현실을 직면하고 조금이라도 바꾸려는 누군가의 노력이 어떤 결과를 가져오는지에 집중했다. 고통을 비교하지 않으며 경험의 주체를 모욕하지 않는 여러 사람들의 실천을 다각도로 풀어내면서 '좋은 것이 좋다'는 당위를 설득하기 위해서는 더 치열해야 한다는 걸 절감했지만 제대로 담아냈는지 알 수 없다. 다만 동어반복의 주장에 그치기 쉬운 '당연한 권리'를 최대한 다르게 표현하려고 노력했다. 이 또한 어쩔 수 없는 것을 어쩔 수 없다고 받아들이지 않으려는 나름의 수행이었고 그 자체로 체험이었다.

『홈, 프라이드 홈』은 어쩔 수 없던 것들의 가능성이다. 일상 밖 단어로 뭉뚱그려진 집단, 살아 움직이지 않는 사물에 가까운 존재, 그림 속 그림처럼 겹겹의 상징과 허구에 갇힌, 목소리건 이름이건 존재를 드러내면 불편할 외계 그 자체. 그렇게 낙인찍혀 어쩔 수 없던 LGBTAIQQ+ 청소년을 듣는 띵동의 이야기다. 쉬고 놀고 성장할 자리를 마련해주고 내일을 상상하게 만드는, 경계 위에 세운 집의 역사다. 배제되고 소외돼 말문이 막힌 이들의 '프라이드'가 그곳에 있다. 아직 띵동과 닿지 않은 LGBTAIQQ+ 청소년이 있다면 이 책이 지도가 되어줄 것이다.

역설적이지만, 오래지 않아 『홈, 프라이드 홈』이 아득했으면 좋겠다. 그날에는 LGBTAIQQ+ 청소년은 물론이고 그 어떤 정체성의 누구도 '이건 우리 이야기잖아'라며 공감하지 않기를 바란다. 당연한 권리를 당연하게 누려서 띵동의 기록을 생경하게 느꼈으면 좋겠다. 그렇게 모두 마땅한 자리에서 당연한 이름으로 살아갈 수 있는 내일의 시작이 『홈, 프라이드 홈』이어도 괜찮겠다.

부록

부록1 성소수자 관련 용어 설명

이 용어 설명은 『Q로 만드는 울타리』(김지혜 외 5명
지음, 청소년 성소수자 위기지원센터 띵동, 2016)와
『LGBTQ+ 첫걸음』(애슐리 마델 지음, 팀 이르다 옮김,
봄알람, 2017)에서 발췌하거나 참조, 수정하여 띵동에서
작성했다. 용어는 본문에 나오는 순서대로 정리했다.

커밍아웃(Coming Out)

성소수자가 자발적으로 자신의 정체성을 다른 사람이나 그룹에게 밝히는 일.

성적지향(Sexual Orientation)

이성, 동성, 양성 혹은 다양한 성에게 감정적, 호의적, 성적으로 깊이 끌릴 수 있고
친밀하고 성적인 관계를 맺을 수 있는 개개인의 가능성.

이성애자(Heterosexual)

자신과 다른 성별에 감정적, 성적 혹은 호의적으로 끌리는 사람을 지칭한다. 성소
수자의 상대 개념으로 많이 오해되지만, 이성애자 트랜스젠더와 같이 성소수자이
면서 이성애자일 수 있다.

게이(Gay)

남성 동성애자. 남성에게 감정적, 성적 혹은 호의적으로 끌리는 남성을 지칭한다.

전환치료(Conversion Therapy)

개인의 성적지향, 성별정체성, 성별표현을 바꾸는 걸 목표로 둔 치료적 접근 또는
관점. 성소수자에 대한 병리적 시각을 기반으로 이를 치료가 필요한 상태로 보고
개입하는 인권침해 행위이다.

성별정체성(Gender Identity)

한 사람이 스스로의 성별을 어떻게 이해하는지, 사회의 젠더 시스템의 안팎을 어떻게 탐색하는지, 혹은 타인에게 어떻게 인식되기를 바라는지를 전하기 위해 사용하는 정체성의 표지.

퀴어(Queer)

사회적 규범 바깥에 있는 성별정체성이나 성적지향을 설명하기 위해 사용하는 포괄적 용어. 성소수자와 유사한 말이다.

레즈비언(Lesbian)

여성 동성애자. 여성에게 감정적, 성적 혹은 호의적으로 끌리는 여성을 지칭한다.

트랜스젠더(Transgender)

태어났을 때 지정된 성별이 본인의 성별정체성과 일치하지 않는 사람을 일컫는 포괄적 용어.

성별이분법(Gender Binary)

여성과 남성 두 개의 성별만이 존재한다는 사회적 규범, 태도. 성별이분법은 트랜스젠더의 존재를 인식하지 못하거나, 다양한 성별정체성을 배제한다.

아우팅(Outing)

타인이 동의 없이 성소수자의 정체성을 밝히는 일. 성소수자 당사자가 정체성을 밝히고 싶지 않은 상대에게 원치 않는 방식으로 아우팅되었을 때, 심각한 혐오폭력 피해가 발생할 수 있다.

성별 트랜지션(Gender Transition)
자신의 성별을 긍정하거나 성별위화감을 완화하기 위해 스스로를 받아들이는 과
정 혹은 변화를 추구하는 과정. 의상이나 말투를 바꾸거나 의료적 조치, 법적 성별
정정 등 다양한 과정이 있으며 사람마다 추구하는 방식 역시 다양하다.

이성애주의(Heterosexism)
다양한 성적지향을 배제하고 이성애만이 옳다고 여기는 사회적 태도, 관념.

성차별주의(Sexism)
특정한 성별에 대한 편견이나 차별. 보통 여성과 같은 소수성별을 향해 일어난다.

지정성별(Assigned sex, Designated sex, Sex assigned at birth)
사회적 관습에 의해 태어날 때 지정된 성별. 아이가 태어났을 때 주로 성기의 외양
을 기준으로 여성 또는 남성이라고 이름 붙인다. 이렇게 붙여진 성별과 스스로 인
식한 성별정체성이 불일치하는 경우를 설명하기 위해 정의된 개념이다.

양성애자(Bisexual)
여성과 남성, 혹은 두 개 이상의 성별에 감정적, 성적 혹은 호의적으로 끌리는 사
람을 지칭한다.

트랜스여성(Male to Female, Transgender Woman)
태어났을 때는 남성으로 지정되었고, 현재는 여성으로서의 정체성을 인식한 사람.

성별위화감(Gender Dysphoria)
태어날 때 지정된 성별이 자신의 성별과 일치하지 않기에 느끼는 고통이나 불행.

성별표현(Gender Expression)

의상, 말투, 태도 등 다양한 방식으로 본인의 성별을 드러내는 것.

젠더퀴어(Genderqueer)

본인의 젠더가 사회의 이분법적 성별 개념에서 벗어나 있거나, 이를 넘어선 사람.

성역할(Gender Role)

사회적 규범에 기초하여 남성과 여성에게 허용하거나 기대하는 사회적 역할, 위
치, 행동 혹은 책임들.

트랜스남성(Female to Male, Transgender Man)

태어났을 때는 여성으로 지정되었고, 현재는 남성으로서의 정체성을 인식한 사람.

호모포비아(Homophobia)

동성애에 대해 혐오하거나 거부하는 극단적인 태도. 보통 이성애주의에 대한 믿음
과 결부되어 있다.

트랜스포비아(Transphobia)

트랜스젠더를 혐오하거나 거부하는 극단적인 태도. 보통 성별이분법에 대한 믿음
과 결부되어 있다.

부록2 청소년 성소수자 지지·지원 단체

본문에서 언급한 단체를 포함해 띵동이 추천한 단체를
가나다순으로 정리했다.

공익인권법재단 공감

홈페이지 www.kpil.org
전화 02-3675-7740
이메일 gonggam@gmail.com

공익인권변호사모임 희망을만드는법

홈페이지 www.hopeandlaw.org
전화 02-364-1210
이메일 hope@hopeandlaw.org

모두를 위한 열린 쉼터: 라틴

홈페이지 cafe.daum.net/Rateen

물꼬기(구 차별없는세상을위한기독교연대)

홈페이지 cafe.naver.com/equalchrist
이메일 equalchrist.com@gmail.com

(사)비온뒤무지개재단

홈페이지 www.rainbowfoundation.co.kr
전화 02-322-9374
이메일 rainbowfoundation.co.kr@gmail.com

사회복지법인 '함께걷는아이들'

홈페이지 www.withu.or.kr
전화 02-522-7935
이메일 together7935@hanmail.net

살림 의료복지 사회적협동조합
홈페이지   cafe.daum.net/femihealth
전화   02-6014-9949
이메일   salim@salimcoop.org

서울시립십대여성건강센터 나는봄
홈페이지   www.imbom.or.kr
전화   02-6227-1541
이메일   bravegirls13@naver.com

서울시립청소년성문화센터(아하!센터)
홈페이지   www.ahacenter.kr
전화   02-2676-1318

섬돌향린교회
홈페이지   www.sumdol.org
전화   02-365-2013
이메일   sumdol2013@daum.net

성소수자 부모모임
홈페이지   www.pflagkorea.org
전화   02-714-9552

성소수자 에이즈예방센터 iSHAP
홈페이지   www.ishap.org
전화   02-792-0083

성소수자 자살예방프로젝트 마음연결
홈페이지   chingusai.net/connect
전화   070-4282-7943

성적소수문화인권연대 연분홍치마
홈페이지   www.pinks.or.kr
전화   02-337-6541
이메일   ypinks@gmail.com

성적지향성별정체성 법정책연구회

홈페이지 sogilaw.org

십대여성 일시지원센터 나무

홈페이지 cafe.naver.com/good7947
전화 02-3280-7947

십대여성인권센터

홈페이지 www.10up.or.kr
전화 010-3232-1318, 010-7705-1318

움직이는청소년센터 EXIT

홈페이지 blog.naver.com/wahahabus
전화 02-863-8346
이메일 wahahabus@hanmail.net

인권교육을 위한 교사모임 샘

홈페이지 www.facebook.com/humanrighteduSam/

전환치료근절운동네트워크

홈페이지 blog.naver.com/lgbtqsos

트라우마치유센터 사회적협동조합 사람마음

홈페이지 www.traumahealingcenter.org
전화 02-747-1210
이메일 connect@TraumaHealingCenter.org

트랜스젠더를 위한 정보·인권 길잡이 트랜스로드맵

홈페이지 transroadmap.net

트랜스젠더인권단체 조각보

홈페이지 transgender.or.kr

한국 HIV/AIDS감염인연합회(KNP+)

홈페이지 www.knpplus.org
전화 010-4844-8525
이메일 knpplus2012@gmail.com

한국게이인권운동단체 친구사이

홈페이지 chingusai.net
전화 02-745-7942
이메일 contact@chingusai.net

한국레즈비언상담소

홈페이지 www.lsangdam.org
전화 02-703-3542

한국성적소수자문화인권센터

홈페이지 www.kscrc.org
전화 0505-896-8080
이메일 kscrcmember@naver.com

한국청소년청년감염인커뮤니티 알

홈페이지 cafe.daum.net/R-YPC

행동하는성소수자인권연대(구 동성애자인권연대)

홈페이지 www.lgbtpride.or.kr
전화 02-715-9984
이메일 lgbtaction@gmail.com

ODMCC(열린문메트로폴리탄공동체교회)

홈페이지 www.opendoorskorea.org

부록3 청소년 성소수자 위기지원센터 띵동 활동 연혁

2013.

05. 무지개청소년세이프스페이스 모금 제안, 기획서 초안 작성

08. 탈가정 경험이 있는 청소년 성소수자들과의 간담회

11. Globalgiving Foundation을 통한 국제 모금 시작(11월 25일)

2014.

03. 무지개청소년세이프스페이스 소개 국내 웹사이트 개설

04. 무지개청소년세이프스페이스 모금을 위한 너나들이 바자회

05. 기념품(티셔츠, 메모지, 핸드폰클리너) 제작 판매

08. 한여름 밤의 무지개 커밍아웃 다큐 3부작 후원 상영회

09. 2014년 아름다운재단 인큐베이팅 사업 최종 선정

     무지개청소년세이프스페이스 1단계 모금 성공 축하 파티

11. 사무실 입주 및 인테리어 공사 시작 (서울시 성북구 소재)

12. '청소년 성소수자 위기지원센터 띵동'으로 단체명 변경

     사무실 개소식(12월 22~23일)

2015.

01. 청소년 성소수자 위기지원센터 띵동 정관 제정, 고유번호증 발급

02. 움직이는 청소년센터 EXIT와 함께 거리상담 시작

03. 띵동식당 토토밥(토요일 토요일은 밥 먹자) 오픈, 2015년 12월까지 35회 진행

04. 자원활동가 띵가띵가 1기 신규 교육 진행

     성북구 '청소년무지개와함께지원센터' 사업예산 불용 관련

     주민감사청구서명 진행

07. 〈움직이는 띵동식당 - 대구 편〉 진행

08. 청소년 성소수자 다회기 내담자들과 함께한 아주 특별한 바캉스

09. 대표 정민석(정욜) 취임

10. 띵동 데이캠프 사람책 도서관 〈너에게 들려줄게〉 진행

12. 〈띵동식당 토토밥〉 제4회 무지개 콘텐츠상 수상

〈스물 셋, 트랜스젠더 '연희'에게 봄을 선물해주세요〉 위기지원을 위한

모금 활동

2016.

01. 상담 및 위기지원 사례 내부 보고회

03. 정기총회 개최

〈전환치료는 폭력이다〉 기자회견 개최

04. 거리이동상담 '띵동포차' 시작(매월 1회 진행)

05. 전환치료근절운동네트워크 활동 참여

06. 서울시 비영리민간단체 등록 완료

09. 띵동 기부자의 날 행사 시작(매월 1회 개최)

10. HIV 감염인 청소년 성소수자 지원사업 준비를 위한 간담회 개최

다음스토리펀딩 〈무지개 전구를 켜주세요 #프라이드온〉 모금캠페인 진행

11. 1월3일 학생의날 성소수자 학생 인권보장 촉구 기자회견

〈혐오의 교실이 아니라 존중과 인권의 교실을〉 참여

12. 청소년 성소수자 인권 친화적 환경 구축을 위한 기초조사 발표회 개최

(사)함께걷는아이들 청소년 자립지원사업 '자몽' 선정

2017.

01. 2017년 사업 준비를 위한 사무국 워크숍

03. 정기총회 개최

05. 「국가 수준의 학교성교육표준안」 폐지를 위한 서명캠페인 시작

    성명 〈혐오를 멈추고 청소년 성소수자들에게 행복을 보장하라〉 발표

06. 공익변호사자립지원사업 선정(송지은 변호사 근무 시작)

    기부금대상 민간단체 지정, 기부금영수증 발행 가능

    〈진실 혹은 거짓: HIV/AIDS에 대한 당신의 생각을 뒤집어라!〉 교육 진행

07. 서울퀴어문화축제 참석

    청소년성소수자의 퀴어문화축제 참가 전·후 위기 발생 실태조사 진행

09. 〈무지개를 만난 교사들, 특별한 초대의 자리〉 진행

    청소년 성소수자 혐오표현 피해 경험 설문조사 진행

10. 레인보우 키트 나눔사업 시작(매월 1회, 다양한 생필품과 식재료 지원)

11. 〈움직이는 띵동식당 지역 방문 특집 - 광주 편!〉 진행

12. 〈프라이드 패스포트 들고 모여라! 프라이드 파티!〉 개최

    2017년 감사와 후원의밤 〈띵동 자립을 부탁해〉 개최

2018.

01. 사무국 활동가 워크숍

    아름다운재단 인큐베이팅 지원사업 최종 종료, 결과 보고서 제출

02. 정기총회 개최

03. 띵동법률식당 활동 시작(3월31일, 총 8회 진행)

    레인보우키트나눔 활동 시작(격월로 총 5회 진행, 다양한 생필품과 식재료 지원)

    HIV/AIDS 관련 정보를 카드뉴스 형식으로 제작해 온라인 홍보 시작

04. 전주퀴어문화축제 참석 및 〈움직이는 띵동식당 - 전주 편(4월 7~8일)〉

아름다운재단 인큐베이팅 지원단체 워크숍 참여(4월 26~28일)

05. HIV 감염인 청소년 성소수자 인터뷰 프로젝트 시작(총 3명 인터뷰)

한 청소년 성소수자의 안타까운 비보를 접하고 논평 발표

07. 전나환 × 띵동 전시(7월 6~21일)

08. 『학교에서 무지개길 찾기 가이드북』 발간 및 배포 사무실 이전(미아동)

09. 제주퀴어문화축제 참석 및 〈움직이는 띵동식당 - 제주 편〉

〈띵동카페: 전지적 감염인 시점〉 프로그램 진행(총 3회)

10. 부산퀴어문화축제, 광주퀴어문화축제 참석

질병관리본부 국정감사 시 자유한국당 의원 발언 규탄 논평 발표

11. 대한민국 인권상(국가인권위원장 표창) 수상(11월 23일)

12. 자살·자해 관련 상임활동가 역량 강화 교육(12월 26일)

2019.

01. 민주적이고 성/평등한 조직문화 만들기 점검 활동 시작

청소년주거권네트워크 활동

02. 띵동 상임활동가 채용

'청소년 성소수자의 탈가정 경험 및 욕구 조사' 인터뷰 연구 공유회

정기총회 개최

03. 서울시 비영리민간단체 지원사업 선정

04. 띵동의 첫 〈해야되는 바자회〉 진행

『2018 띵동 활동보고서(ANNUAL REPORT)』 발행 및 배포

원스톱 법률지원을 위한 모금 캠페인 진행

강북구 자원봉사단체 등록 완료

05. 〈Home, PRIDE HOME 시와 노래, 그리고 이야기가 있는 띵동 후원의 밤〉

06. 전국에 청소년 성소수자 지지 네트워크를 만들기 위한 〈무지개 도움닫기〉

교육 시작 (2019년 10월까지 대구, 인천, 부산, 광주에서 진행)

트랜스젠더퀴어 청소년들과 함께! T-go 프로그램 진행

07. 띵동 해피빈 모금함 개설

비전토론 워크숍

『청소년 성소수자 인권 침해에 대처하는 - 무지개 파워! 나를 지키는

워크북』 제작

08. 무지개 도움닫기 교육자료집 발행

09. 유엔아동권리협약 심사 참여

도시연대, 용산나눔의집, 민달팽이유니온과 함께 성소수자 주거권 세미나

진행(총 5회)

청소년 성소수자 주거지원 프로젝트의 시작
12시간에서 24시간으로! HOME, PRIDE HOME

가정 폭력과 학대로 집을 나오게 된 청소년 성소수자들, 띵동은 지난 5년 동안 '집' 때문에 걱정하는 많은 청소년 성소수자들을 만났습니다. 전국에 130개가 넘는 쉼터가 있지만 문턱은 여전히 높기만 합니다. 성소수자가 아닌 척 숨죽이고 있어야 할뿐더러, 입소 자체를 거부하는 곳도 있습니다.

청소년 성소수자 모두에게 안전이 보장되는 PRIDE HOME, 12시간에서 24시간 운영이 가능한 장소, 단 하루라도 편안함을 느낄 수 있는 장소를 만들기 위해 띵동은 오늘도 뛰고 있습니다.

띵동의 꿈을 응원해주세요!

띵동
청소년성소수자위기지원센터

HOME, PRIDE HOME 후원 방법

정기후원 www.ddingdong.kr/xe/donate

후원계좌 신한은행 100-030-529880 청소년 성소수자 위기지원센터 띵동

후원문의 02-924-1224, lgbtq@ddingdong.kr